O PAPADO E O DOGMA DE MARIA

HERNANDES DIAS LOPES

O PAPADO E O DOGMA DE MARIA

à luz da Bíblia e da história

© 2005 por Hernandes Dias Lopes

Revisão
João Guimarães
Carlos Augusto Pires Dias

Capa
Douglas Lucas

Diagramação
Rafael Alt

Editora
Marilene Terrengui

1ª edição - Janeiro - 2005
Reimpressão - Março - 2008
Reimpressão - Junho - 2011
Reimpressão - Abril - 2013
Reimpressão - Novembro - 2020

Coordenador de Produção
Mauro W. Terrengui

Impressão e acabamento
Imprensa da Fé

Todos os direitos reservados para:
Editora Hagnos
Av. Jacinto Júlio, 27
04815-160 - São Paulo - SP -Tel/Fax: (11) 5668-5668
hagnos@hagnos.com.br - www.hagnos.com.br

Dados Internacionais de Catalogação na Publicação (CIP)
(Câmara Brasileira do Livro, SP, Brasil)

Lopes, Hernandes Dias
O papado e o dogma de Maria - À luz da Bíblia e da história / Hernandes Dias Lopes. --
São Paulo : Hagnos, 2005.

ISBN 85-89320-86-3

1. Controvérsias teológicas 2. Papado - Ensino bíblico 3. Papado - História
I. Título.

05-8509   CDD-262.13

Índices para catálogo sistemático:
1. Papado : Ensino bíblico e história : Cristianismo 262.13

*Dedico este livro ao pastor Ueslei Pimentel
e sua esposa Janete, fiéis servos de Cristo,
amigos preciosos, companheiros de jornada,
intercessores junto ao trono da Graça,
pessoas que tornam a vida mais simples
e encantadora.*

[SUMÁRIO]

Prefácio 9

Primeira Parte: O papado à luz da Bíblia
e da História...11

    Introdução 13
    1. O apóstolo Pedro nunca foi papa....................21
    2. O papa usurpa o lugar da Trindade 53
    3. A ascensão e decadência do papado
       na História..61
    4. Conclusão 85

Segunda Parte: O dogma de Maria 89

    5. Maria, a bem-aventurada entre as mulheres
       (Lucas 1.26-56).....................................91
    6. O que a Bíblia não ensina sobre Maria 95
    7. O que a Bíblia ensina sobre Maria.................111
    8. Conclusão 135

PREFÁCIO

Maria, a mãe de Jesus, e o apóstolo Pedro são figuras importantíssimas na história do cristianismo. Eles ocupam um lugar de grande destaque no cenário evangélico. Conhecer a vida deles e o engajamento que tinham com Deus e sua obra nos ajudam a interpretar o papel que exercem no panorama religioso contemporâneo. O passado deve nos tomar pela mão e nos guiar pelas veredas do hoje, e devemos ler o presente com as lentes do passado. Se queremos interpretar corretamente a posição que Pedro e Maria têm hoje, precisamos estudar o Novo Testamento em vez de nos apoiarmos nos inúmeros documentos eclesiásticos.

[O papado e o dogma de Maria]

Pedro foi um dos primeiros apóstolos, um destacado líder no colégio apostólico, antes e depois do Pentecoste. Maria foi a bendita mulher, escolhida por Deus para ser a mãe do nosso Salvador. Tanto Pedro quanto Maria são dignos dos nossos maiores elogios, visto que foram alvo da graça divina, transformados por Deus para cumprir o projeto celestial.

Infelizmente, com o passar do tempo, e pela manipulação de alguns homens, o entendimento do papel deles foi profundamente distorcido, e fizeram de Pedro um papa, e de Maria, a mãe de Deus. Amigo leitor, convido-o a ler este livro e tirar as suas conclusões. Contudo, gostaria que fizesse isso com a Bíblia aberta. Os nossos argumentos não têm nenhum valor se não forem firmados pela verdade que emana das Escrituras. Deus não tem nenhum compromisso com as palavras de qualquer escritor, Ele tem compromisso com a Sua Palavra, que é inerrante, infalível e suficiente.

A verdade liberta. Só ela pode iluminar os nossos olhos e colocar os nossos pés nas veredas da bem-aventurança. Que Deus abençoe sua vida enquanto lê estas páginas! Oro para que o Espírito Santo ilumine a sua mente, toque o seu coração e realize uma grande e benfazeja obra em sua vida.

Hernandes Dias Lopes

Primeira Parte
O PAPADO
À LUZ DA BÍBLIA E DA HISTÓRIA

INTRODUÇÃO

Segundo os historiadores católicos, o mundo já teve 266 papas. O papa (do grego, pai), de acordo com a doutrina católica, é o sucessor de Pedro no governo da Igreja universal e o vigário (substituto) de Cristo na Terra. Ele tem autoridade sobre todos os fiéis e a hierarquia eclesiástica, inclusive o Concílio Ecumênico, e é infalível quando fala "*ex cathedra*" sobre assuntos religiosos.[1] Além da autoridade espiritual, o papa exerce autoridade territorial (interrompida de 1870 a 1929), que, a partir de 1929, foi limitada ao Estado da cidade do Vaticano.[2]

A morte, no dia 2 de abril de 2005, do papa João Paulo II, o polonês Karol Wojtyla, que foi o terceiro mais

[O PAPADO E O DOGMA DE MARIA]

longo pontificado da História, reacendeu na mente do povo o dogma da legitimidade e infalibilidade do papa. Duzentos chefes de Estado estiveram presentes ao funeral desse papa peregrino, paladino das grandes causas sociais. A morte de João Paulo II comoveu o mundo e seu enterro foi acompanhado por mais de dois milhões de pessoas. A imprensa deu ampla cobertura à questão do pontificado romano. João Paulo II alcançou popularidade recorde na história da igreja católica: 400 milhões de pessoas, aproximadamente, o viram pessoalmente. Ele percorreu 1,7 milhão de quilômetros, o correspondente a 31 voltas ao redor do mundo, visitando 129 países. Foram 80 mil páginas de discursos, encíclicas e documentos. Ele realizou 1.790 beatificações e canonizações.[3] Dezessete dias depois da morte de João Paulo II, foi eleito pelos cardeais, um novo papa, o alemão Joseph Ratzinger, um dos maiores teólogos do Vaticano, que escolheu para si o cognome de Bento XVI.

Em virtude desse momento de transição papal, de esperanças para uns e temores para outros, urge esclarecer essa importante questão à luz das Escrituras e da História. Algumas perguntas precisam ser feitas:

Em primeiro lugar, *a Igreja Católica Apostólica Romana é um segmento legítimo do cristianismo bíblico?* Vamos iniciar com uma questão de definição. O nome Igreja Católica Apostólica Romana é uma impropriedade: O escritor Benjamin Scott diz que não podemos chamar o romanismo de igreja. Ele é um sistema, em

[14]

[INTRODUÇÃO]

que a cabeça e a alma desse sistema são a Roma papal.[4] O romanismo não é Igreja porque esta é composta apenas daqueles que foram chamados do mundo para Deus, para viverem em novidade de vida. A palavra *ekklesia* (igreja), no grego, significa: chamado para fora. Sem verdadeira conversão, podemos ter ajuntamento humano, grupo religioso, denominação, seita, mas não a verdadeira Igreja.

O romanismo também não é igreja católica, porque nenhuma denominação pode arrogar para si esse título. Quando o Credo Apostólico proclama: "Creio na santa Igreja Católica", não está pensando em nenhum grupo religioso específico, ou seja, não está falando de nenhuma igreja denominacional; ao contrário, está se referindo àqueles que foram comprados pelo sangue de Cristo, e que procedem de toda tribo, raça, povo, língua e nação (Ap 5.9). Assim, há uma contradição de termos, pois se a igreja é católica, não pode ser romana; se é romana, não pode ser católica.

O romanismo, de igual forma, não é uma Igreja apostólica, visto que se desviou da doutrina dos apóstolos, acrescentando à sua teologia uma série de dogmas estranhos e contrários ao ensino das Escrituras. O escritor Benjamin Scott chama o romanismo de "cristianismo adulterado".[5] Por séculos e séculos, o romanismo proibiu ao povo a leitura da Palavra de Deus, além de amalgamar-se com o paganismo, desviando-se da simplicidade do ensino de Cristo e da doutrina apostólica.

[O PAPADO E O DOGMA DE MARIA]

O reformador João Calvino diz: "Roma não é uma igreja e o papa não é um bispo. Não pode ser mãe das igrejas, aquela que não é igreja, nem pode ser príncipe dos bispos, aquele que não é bispo".[6]

Em segundo lugar, *o catolicismo romano é a primeira igreja?* A igreja, de onde procedem todos os segmentos do cristianismo, não pode ser caracterizada por nenhuma denominação, seja romana, presbiteriana, batista ou outra. Até o século 3 d.C., não havia denominações. O cristianismo começou a afastar-se da sua pureza doutrinária depois que foi declarado religião oficial do império romano, no governo de Constantino. A Igreja deixou de ser perseguida para receber as benesses do Estado. O imperador romano passou a ser chefe do Estado, e também da Igreja. Dessa maneira, a passos largos, a Igreja se desviou da verdade. O escritor Robert Hasting Nichols afirma:

> Pelo ano 400 já se verifica o completo desenvolvimento da igreja católica, com sua organização hierárquica completa, o clero exercendo demasiado domínio espiritual sobre o povo, os concílios criando leis eclesiásticas, o culto impressionante e cheio de mistérios, seus dogmas autoritários e a condenação, como hereges, dos cristãos que não concordam ou não se conformam com eles.[7]

O catolicismo romano é um desvio da religião cristã e a Reforma do século 16 d.C., uma volta ao cristianismo

[16]

[INTRODUÇÃO]

bíblico. O papa Bento XVI, Joseph Ratzinger, eleito no dia 19 de abril de 2005, avesso à frouxidão da doutrina romana e à modernidade, considera o catolicismo como a "verdade" e classifica as outras religiões como "deficientes".[8] Assim, o teólogo do Vaticano e papa da igreja romana não aceita que o catolicismo chame as igrejas "dissidentes" de co-irmãs, mas de igrejas deficientes, visto que no seu entendimento, a única Igreja verdadeira é a católica romana, no que discordamos frontalmente.

Em terceiro lugar, *o papado é a espinha dorsal do catolicismo romano?* Sim, todo o edifício doutrinário do catolicismo romano está construído sobre o frágil fundamento de que Pedro é a pedra sobre a qual a Igreja está edificada. Desacreditar a supremacia de Pedro é destruir os fundamentos do papado, e destruir o papado é derrubar toda a hierarquia romana. O historiador Jorge Buarque Lira diz que o papado é o alicerce desse edifício acastelado no ar. Destruído tal alicerce, ruiria fragorosamente por terra o edifício, e com ele, todo o sistema do romanismo.[9] O sistema sacerdotal do catolicismo romano depende absolutamente das reivindicações de que Pedro foi o primeiro papa de Roma e que eles são seus sucessores.[10] Desta forma, além de considerar, equivocadamente, Pedro como o primeiro papa, também crêem que os papas são sucessores legítimos de Pedro. O Concílio Vaticano aduziu dois anátemas para aqueles que rejeitarem o primado de Pedro e a sucessão apostólica. O historiador David Schaff registra:

[O PAPADO E O DOGMA DE MARIA]

Se alguém disser que Pedro não foi constituído
príncipe de todos os apóstolos e chefe visível de toda
a Igreja Militante, ou afirmar que Pedro só recebeu
diretamente de nosso Senhor Jesus Cristo um primado
de honra e não de verdadeira e real jurisdição, seja
anátema. Se alguém negar que, por divina instituição
do próprio Cristo, Pedro tenha sucessores perpétuos,
ou que o pontífice romano seja seu sucessor naquele
primado, seja anátema.[11]

Dito isso, vamos examinar esse importante assunto
à luz da Bíblia e da História.

NOTAS

[1] Aquiles Pintonello. *Os papas: síntese histórica, curiosidades e pequenos fatos.* Edições Paulinas. São Paulo, SP, 1986, p. 9, 10.

[2] Paulo Cristiano. *Revista Defesa da Fé.* Ano 9. Número 70, julho de 2004, p. 49.

[3] Revista *Defesa da Fé.* Ano 9, julho/2004. Número 70, p. 5.

[4] Benjamin Scott. *As catacumbas de Roma.* CPAD. Rio de Janeiro, RJ, 1982, p. 131.

[5] Benjamin Scott. *As catacumbas de Roma.*, p. 127.

[6] Juan Calvino. *Institución de la religión cristiana.* Vol 2. Fundación Editorial de Literatura Reformada, 1967, p. 903.

[7] Robert Hastings Nichols. *História da Igreja cristã.* Editora Cultura Cristã. São Paulo, SP, 1985, p. 52.

[8] Revista *Isto É.* Número 1854, de 27 de abril de 2005, p. 38.

[INTRODUÇÃO]

[9] Jorge Buarque Lira. *Catolicismo romano*. Niteroi, RJ, 1959, p. 295.

[10] Loraine Boetner. *Catolicismo romano*. Imprensa Batista Regular. São Paulo, SP, 1985, p. 90.

[11] David S. Schaff. *Nossa crença e a de nossos pais*. Imprensa Metodista. São Paulo, SP, 1964, p. 230.

Capítulo Um

[O APÓSTOLO PEDRO NUNCA FOI PAPA]

A vetusta instituição do catolicismo romano depende dessa frágil possibilidade de Pedro ter sido o primeiro papa e de os papas serem legítimos sucessores de Pedro. Conforme veremos, essa tese vulnerável dificilmente pode ser provada. Nosso propósito é examinar essa questão sem ferir a susceptibilidade de quem quer que seja. Cremos que a verdade é luz e ela sempre liberta. A verdade é benfazeja e sempre abençoa, ainda que, muitas vezes, nos confronte e nos perturbe.

Veja alguns importantes argumentos que provam, de forma peremptória, que o apóstolo Pedro nunca foi papa.

[O PAPADO E O DOGMA DE MARIA]

O TEXTO BÁSICO USADO PARA PROVAR O PRIMADO DE PEDRO ESTÁ MAL INTERPRETADO PELO CATOLICISMO ROMANO

Para os católicos romanos, o texto bíblico de Mateus 16.18 é a carta magna do papado:[1] "Também eu te digo que tu és Pedro, e sobre esta pedra edificarei a minha igreja, e as portas do inferno não prevalecerão contra ela". Este texto é tão importante para o catolicismo romano que foi escrito em enormes letras douradas na cúpula da Basílica de São Pedro, em Roma. O texto de Mateus 16.18 é considerado como a cidadela central, o baluarte mais importante, a trincheira inexpugnável, o texto capital para a sustentação do papado romano.[2]

Três são as interpretações sobre quem é a pedra: 1) Pedro; 2) A declaração de Pedro; 3) Cristo.

Mateus 16.18 tem provocado grandes debates teológicos e não poucas disputas dentro da Igreja ao longo dos séculos. Sua correta interpretação é vital ainda hoje. Mateus 16.18 pontua quatro verdades fundamentais: Jesus é o fundamento, o edificador, o dono e o protetor da Igreja.[3]

- Em primeiro lugar, *Jesus é o fundamento da Igreja*. Enquanto o catolicismo romano encontra neste referido texto a base para o primado de Pedro, vemos nele a verdade incontestável de que Jesus Cristo é a pedra sobre a qual a Igreja está edificada.

[O APÓSTOLO PEDRO NUNCA FOI PAPA]

- Em segundo lugar, *Jesus é o edificador da Igreja*. Jesus não é apenas o fundamento da Igreja, mas também é o seu edificador: "...eu edificarei a minha igreja". Todas as pessoas salvas por Deus, inclusive os apóstolos, estão niveladas num mesmo patamar, são servos. O apóstolo Paulo disse que um planta, outro rega, mas o crescimento vem de Deus (1Co 3.5-9). Um dos postulados básicos do catolicismo romano é que Pedro é o edificador da Igreja. Isso sugere que, onde está Pedro, aí está a Igreja; onde está o papa, o sucessor de Pedro, aí está a Igreja: *Ubi Petrus, ibi ecclesia*. Dentro desse conceito, uma igreja só é verdadeira igreja debaixo do domínio de Pedro. Ela só é genuína sob o manto do papa; só é fidedigna sob o comando de Roma. É por essa causa que o Papa, sobretudo depois do Concílio Vaticano II, tem se posicionado como o apóstolo da unidade cristã, como o pregador-mor do ecumenismo e da reunificação dos "irmãos separados". E que isso se dê, obviamente, sob a batuta do papa, sob a direção da igreja romana. A Bíblia diz que Jesus, e não Pedro, é o edificador da Igreja. Entendemos que onde está Cristo, aí está a Igreja: *Ubi Christus, ibi ecclesia*.

- Em terceiro lugar, *Jesus é o dono da Igreja*. Jesus é a pedra fundamental da Igreja, o edificador da Igreja e também, o dono da Igreja: "...edificarei a minha igreja". A Igreja pertence a Jesus. Ela foi comprada por Ele com o preço do Seu

[O PAPADO E O DOGMA DE MARIA]

sangue (At 20.28; 1Pe 1.18,19). Ela é propriedade exclusiva do Senhor (Tt 2.14). O catolicismo romano ensina que o papa tem autoridade sobre a Igreja militante, purgante e triunfante. Desta forma, nem a morte rompe os laços do fiel com a igreja romana. É por essa causa que ela pregou a respeito das indulgências. O papa vendia o perdão dos pecados. Ele abria e fechava a porta do céu. Ele vendia, como supremo chefe da igreja, o perdão temporal e até eterno. Fazendo assim, essa igreja que hoje faz opção pelos pobres, privilegiava os ricos.

- Em quarto lugar, *Jesus é o protetor da Igreja*. Ele disse: "... e as portas do inferno não prevalecerão contra ela". Jesus é o fundamento, o edificador, o dono e o protetor da Igreja. É Ele quem a livra dos ataques do inferno. O diabo ataca a Igreja usando a força e as idéias, ou seja, a perseguição e a sedução pelas doutrinas falsas, mas Jesus desmantela o erro com a Sua Palavra. A Igreja está nas mãos de Jesus; ela está assentada com Ele nas regiões celestes, acima de todo principado e potestade. O entendimento do catolicismo romano é de que o papa é o protetor da igreja contra as heresias. Na verdade, ele exerce o papel de o maior herege, pois dele procedem os maiores desvios.

Vamos examinar Mateus 16.18 mais detidamente para tirarmos nossas conclusões. A tese católica se firma em três questionáveis pressupostos principais, a saber: Primeiro, Cristo edificou a Igreja sobre Pedro. Segundo, Pedro fundou e dirigiu a Igreja de Roma. Terceiro, a sucessão apostólica vem de uma cadeia ininterrupta desde Pedro até os nossos dias.[4] Conforme veremos, esses pressupostos sobre os quais estão levantado todo o conjunto doutrinário do catolicismo romano são absolutamente vulneráveis.

A palavra "Pedro" (*Pétros)* significa fragmento de pedra, pedra pequena, removível, pedregulho,[5] enquanto "pedra" (*Pétra*) é rocha, fundamento inamovível.[6] *Pétros* é um nome próprio do gênero masculino, que significa um pedaço de rocha, enquanto *Pétra* é um substantivo comum do gênero feminino que expressa a rocha sobre a qual Jesus edificaria a Sua Igreja.[7] O escritor Anibal Pereira Reis, citando Homero, em sua *Ilíada*, emprega *Pétros* no significado de pedras pequenas, avulsas, soltas, usadas pelos guerreiros. O mesmo Homero, em sua *Odisséia*, emprega *Pétra* com o significado de rocha, ao mencionar um "porto limpo de rochedos".[8]

Ademais, o demonstrativo *epi toute* (sobre esta) encontra-se no feminino, ligando-se, portanto, gramatical e logicamente à palavra feminina *Pétra*, à qual imediatamente precede.[9] O demonstrativo feminino não pode concordar em número e gênero com um substantivo masculino.

Se Cristo tencionasse estabelecer Pedro como fundamento da Igreja, teria dito: "Tu és Pedro e sobre ti (*epi soi*) edificarei a minha igreja".[10]

[O PAPADO E O DOGMA DE MARIA]

Outro ponto importante é que a palavra "Pedra" *Pétra* é radical, e o nome "Pedro" *Pétros*, deriva-se de *Pétra*, e não *Pétra* de *Pétros*. Não é da palavra *Pedro* que deriva a palavra *Pedra*, mas, ao contrário, da palavra *Pedra* é que deriva o nome de *Pedro*, assim como o nome de *Cristo* não deriva da palavra *cristão*, mas, ao contrário, *cristão* vem de *Cristo*.[11] Na língua grega, a palavra *Pétra* designa, sem nenhuma exceção, um rochedo, uma rocha firme; ao passo que *Pétros* designa geralmente um fragmento destacado da rocha, um seixo.[12]

Os teólogos romanos dizem que, no aramaico, "Cefas" significa *pedra*. Mas, no aramaico, "Cefas" não é traduzido por *Pétra*, pedra, mas por *Pétros*, Pedro, fragmento de pedra (Jo 1.42).

Além do mais, todo o contexto próximo está focado na Pessoa de Cristo e não no primado de Pedro: 1) Cristo começa perguntando aos apóstolos acerca da opinião do povo a Seu respeito como Filho do homem, ou seja, sobre a Sua messianidade (Mt 16.13); 2) depois, Jesus pergunta a posição dos próprios apóstolos a Seu respeito (Mt 16.15); 3) a correta declaração de Pedro acerca da messianidade e divindade de Cristo recebe do Mestre efetivo elogio (Mt 16.16,17); 4) a declaração de Jesus, evidenciando que Ele é o fundamento, o dono, o edificador e protetor da Igreja, prova que o tema central de toda a conversa é a respeito da Sua própria pessoa e não da pessoa de Pedro (Mt 16.18); 5) Jesus imediatamente afirma que o propósito da Sua vinda ao mundo foi

[O APÓSTOLO PEDRO NUNCA FOI PAPA]

para morrer. Uma vez que os apóstolos tinham clara consciência da Sua messianidade e divindade, aponta-lhes o propósito da Sua vinda ao mundo, ou seja, morrer pelos nossos pecados (Mt 16.21-23); 6) logo em seguida, na transfiguração, Jesus demonstra Sua glória e novamente o tema da conversa entre Ele, Moisés e Elias: era a Sua partida para Jerusalém, ou seja, Sua morte expiatória (Mt 17.1-8).

Concluímos, portanto, que todo o contexto de Mateus 16.18 prova que não se tratava de uma conversa particular de Pedro com Cristo, mas uma dinâmica de grupo, onde Jesus discutia o propósito da Sua vinda ao mundo (Mt 16.13-23).

O contexto mostra que Jesus está se referindo a si na terceira pessoa desde o começo, e isso concorda com o uso que faz de *Pétra* na terceira pessoa. Veja outros exemplos quando Cristo usou a terceira pessoa (Jo 2.19,21; Mt 21.42-44). Jesus elogiou Pedro pela inspirada declaração de que Cristo é o Filho do Deus Vivo, e é sobre esta *Pétra*, Cristo, que a Igreja é fundada.

O catolicismo romano diz, ainda, que se Cristo é o fundamento da Igreja, não pode ser o Seu edificador. Mas aqui há uma superposição de imagens como em João 10.9-11, onde Jesus diz que Ele é o pastor das ovelhas, e também a porta das ovelhas.

É importante observar que no Antigo Testamento o vocábulo *Pétra* nunca é usado para qualquer homem, mas só para Deus. Desde a época dos salmistas, passando pelo profeta Isaías, a palavra profética já anunciava o Messias como a pedra de esquina. O salmista diz, apontando para o Messias: "A pedra que os construtores rejeitaram, essa veio a ser a principal pedra, angular" (Sl 118.22). O profeta Isaías, mais tarde, nessa mesma linha diz: "Portanto, assim diz o Senhor Deus: Eis que eu assentei em Sião uma pedra, pedra já provada, pedra preciosa, angular, solidamente assentada; aquele que crer não foge" (Is 28.16).

Além dos argumentos anteriores, temos ainda a prova insofismável de que Pedro não é a pedra sobre a qual a Igreja está edificada, porque o próprio Pedro elucidou pessoalmente essa questão. Pedro lançou mão das profecias messiânicas para apontar Jesus como a pedra sobre a qual a Igreja foi edificada. Depois de ser preso pelo Sinédrio, o apóstolo Pedro proclama diante das autoridades religiosas de Jerusalém:

> Tomai conhecimento vós todos e todo o povo de Israel de que, em nome de Jesus Cristo, o nazareno, a quem vós crucificastes, e a quem Deus ressuscitou dentre os mortos, sim, em seu nome é que este está curado perante vós. Este Jesus é pedra rejeitada por vós, os construtores, a qual se tornou a pedra angular. E não há salvação em nenhum outro; porque abaixo do céu não existe nenhum outro nome, dado entre os homens, pelo qual importa que sejamos salvos (At 4.10-12).

Para que não haja nenhum resquício de dúvida, o apóstolo Pedro, cerca de trinta anos mais tarde, escreve

[O APÓSTOLO PEDRO NUNCA FOI PAPA]

sua primeira carta, e mantém a mesma posição de que Cristo, e não ele, é a pedra sobre a qual a Igreja está edificada. Veja o relato do apóstolo:

> Chegando-vos para ele, a pedra que vive, rejeitada, sim, pelos homens, mas com Deus eleita e preciosa, também vós mesmos, como pedras que vivem, sois edificados casa espiritual para serdes sacerdócio santo, a fim de oferecerdes sacrifícios espirituais, agradáveis a Deus por intermédio de Jesus Cristo. Pois isso está na Escritura: Eis que ponho em Sião uma pedra angular, eleita e preciosa; e quem nela crer não será de modo algum envergonhado. Para vós outros, portanto, os que credes, é a preciosidade; mas para os descrentes, a pedra que os construtores rejeitaram, essa veio a ser a principal pedra, angular, e: Pedra de tropeço e rocha de ofensa. São estes os que tropeçam na palavra, sendo desobedientes, para o que também foram postos (1Pe 2.4-8).

Se não fosse suficiente apenas o testemunho de Pedro a respeito dessa magna questão, o apóstolo Paulo, também, é meridianamente claro, quando afirma que Cristo é o único fundamento sobre o qual a Igreja está edificada. Ao escrever à igreja de Corinto, o apóstolo dos gentios diz: "Porque ninguém pode lançar outro fundamento, além do que foi posto, o qual é Jesus Cristo" (1Co 3.11).

Ainda nessa mesma carta, o apóstolo faz referência à experiência vivida por Moisés em Refidim, quando o

[O PAPADO E O DOGMA DE MARIA]

povo de Israel estava sedento e não havia água. O povo murmurou contra Moisés e este clamou ao Senhor. Deus, então, lhe disse: "... ferirás a rocha, e dela sairá água, e o povo beberá" (Êx 17.6). Fazendo uma aplicação espiritual desse fato, o apóstolo Paulo diz à igreja de Corinto: "...e beberam da mesma fonte espiritual; porque bebiam de uma pedra espiritual que os seguia. E a pedra era Cristo" (1Co 10.4). É insofismável a verdade de que a pedra não é Pedro, mas Cristo.

Não foram esses fatos suficientes, o apóstolo Paulo ainda diz: "...edificados sobre o fundamento dos apóstolos e profetas, sendo ele mesmo, Cristo Jesus, a pedra angular" (Ef 2.20). Ninguém pode contra a verdade de Deus. Ela é como a luz, e diante dela, as trevas do engano são dissipadas.

A AFIRMAÇÃO DE QUE CRISTO ENTREGOU AS CHAVES DO REINO APENAS PARA PEDRO ESTÁ EQUIVOCADA

O catolicismo romano insiste em alardear que a simbologia das chaves (Mt 16.19) significa supremacia jurisdicional sobre todo o cristianismo. Sabemos, contudo, que as chaves foram realmente outorgadas a Pedro para "abrir e fechar"; entretanto, devemos salientar que foram as chaves do "Reino dos céus" e não da Igreja que lhe foram concedidas. O Reino dos céus não é a Igreja.[13]

As chaves do Reino não foram dadas só a Pedro, mas também aos demais apóstolos. Jesus disse: "Em

[30]

verdade vos digo que tudo o que ligardes na terra terá sido ligado nos céus, e tudo o que desligardes na terra terá sido desligado nos céus" (Mt 18.18). Desta forma, em Mateus 18.18 essas chaves são dadas aos demais apóstolos, no contexto da aplicação da disciplina eclesiástica. Quando a Igreja aplica a disciplina de acordo com a Palavra de Deus, o Senhor ratifica essa disciplina, seja para ligar, seja para desligar. O reformador João Calvino entendia que a prática da disciplina bíblica é uma das marcas da igreja verdadeira.

As chaves dadas a Pedro, bem como aos demais apóstolos (Mt 28.18-20), foram usadas sabiamente por ele. As chaves simbolizam a autoridade de abrir o Reino dos céus aos homens por intermédio da proclamação do evangelho.[14] Pedro pregou poderosamente a Palavra para os judeus em Jerusalém no dia do Pentecoste (At 2.14-41). Cerca de três mil pessoas foram convertidas. Pedro pregou um sermão centralizado na pessoa de Cristo, falando sobre Sua morte, ressurreição, ascensão e senhorio. Mais tarde, Pedro pregou aos samaritanos (At 8.25). Somos informados, ainda, de que Pedro pregou aos gentios, apresentando o evangelho a Cornélio e sua casa (At 10.34-48). Pedro não só recebeu as chaves, mas as usou com grande maestria, abrindo a porta da salvação, pregando o evangelho aos judeus, aos samaritanos e aos gentios. No Concílio de Jerusalém, o apóstolo Pedro deu o seu testemunho de como Deus o usou para anunciar o evangelho tanto aos judeus quanto aos gentios (At

[O PAPADO E O DOGMA DE MARIA]

15.7-11). O escritor Loraine Boetner, tratando deste assunto, esclarece:

> A posse das chaves, portanto, não significa que Pedro tivesse soberanamente em sua própria pessoa a autoridade de determinar quem seria admitido aos céus e quem seria excluído, como a igreja romana atualmente tenta conferir tal autoridade ao papa e aos sacerdotes. A autoridade final está só nas mãos de Cristo – é ele "que abre e ninguém fechará, e que fecha e ninguém abre".[15]

Se paira, porém, alguma dúvida na mente do leitor sobre a questão dessas chaves serem a pregação do evangelho, precisamos informar, firmados na verdade das Escrituras, que a porta do céu não é aberta por Pedro. A porta é Jesus (Jo 10.9), e quem tem a chave que abre e ninguém fecha é só Jesus (Ap 3.7).

A VULNERABILIDADE DE PEDRO PARA SER A PEDRA FUNDAMENTAL DA IGREJA

Pedro não é símbolo de estabilidade, muito menos de infalibilidade. Ao cotejarmos as passagens dos evangelhos, encontramos, reiteradas vezes, Pedro claudicando e tropeçando em suas próprias palavras, tendo avanços ousados e recuos vergonhosos, hora alcançando alturas excelsas, para depois descer aos abismos mais profundos de suas quedas infelizes.

[32]

[O APÓSTOLO PEDRO NUNCA FOI PAPA]

Pedro é símbolo de fraqueza, de inconstância, de vulnerabilidade, ele é o símbolo do homem frágil, firmado no bordão da autoconfiança. O escritor Aramis de Barros expressa essa vulnerabilidade de Pedro:

> Por vezes, encontramos nele o perfil de alguém forte, inspirado, um visionário sensível à voz de Deus (Lc 5.8; Jo 6.68; Mt 14.28; 16.16; Lc 22.33; At 2.38; 5.39). Mas, qualquer perfil que tentemos traçar de Pedro, por certo, não estaria completo sem considerarmos as suas fraquezas e contradições (Mt 16.23; 26: 40, 74).[16]

Para não nos estendermos sobre esse aspecto, vejamos apenas alguns exemplos:

- Em primeiro lugar, *Pedro, o contraditório.* Imediatamente depois de afirmar a messianidade e a divindade de Cristo, Pedro tenta impedir Jesus de ir à cruz, pelo que é chamado de Satanás (Mt 16.22,23).
- Em segundo lugar, *Pedro, o desprovido de entendimento.* Logo em seguida, na transfiguração, sem saber o que falava, tentou colocar Jesus no mesmo nível de Moisés e Elias, dizendo: "Mestre, bom é estarmos aqui. Façamos três tendas, uma será tua, outra de Moisés, outra de Elias" (Mc 9.5,6). Ele não sabia o que falava, e cometeu um grave erro teológico. Na verdade, Pedro estava equiparando Jesus a Moisés, o representante

[O PAPADO E O DOGMA DE MARIA]

da Lei, e a Elias, o representante dos profetas. Pedro estava despojando Jesus da Sua divindade. Mas Jesus é o próprio Deus encarnado. Nenhum homem, ainda que o mais nobre, pode ser comparado ao eterno Filho de Deus. O próprio Deus Pai corrige o desvio teológico de Pedro, falando do meio de uma nuvem luminosa: "Este é o meu Filho, o meu escolhido, a ele ouvi".

- Em terceiro lugar, *Pedro o autoconfiante*. No Cenáculo, Pedro disse para Jesus que ainda que todos o abandonassem, ele jamais o faria, e que estaria pronto a ir com Cristo tanto para a prisão quanto para a morte (Lc 22.33,34; Mt 26.33-35). Jesus alertou a Pedro que ele o negaria naquela mesma noite, três vezes, antes de o galo cantar. Pedro não apenas negou a Jesus, mas, também, jurou e praguejou, dizendo que nunca O tinha visto (Mt 26.70,72,74).

- Em quarto lugar, *Pedro, o dorminhoco*. No Getsê-mani, no apogeu da grande batalha travada por Cristo, Pedro não vigia com Ele, mas dorme (Mt 26.40). O mesmo Pedro que prometera fidelida-de irrestrita a Cristo, tomba vencido pelo sono, não conseguindo alcançar a imensidão da luta de sangrento suor travada pelo Filho de Deus.

- Em quinto lugar, *Pedro, o violento*. Pedro sacou a espada no Getsêmani e cortou a orelha de Malco (Jo 18.10,11), no que foi repreendido por Cristo. Por não orar e vigiar, entrou na luta errada, com as armas erradas.

[O APÓSTOLO PEDRO NUNCA FOI PAPA]

- Em sexto lugar, *Pedro, o medroso.* Quando Cristo foi preso, Pedro passou a segui-Lo de longe. Ele se esgueirou nas sombras da noite tenebrosa, acovardou-se e fugiu. Quando Cristo foi exposto ao horrendo espetáculo na tosca montanha do Gólgota, Pedro não estava lá. Sua audaciosa coragem transformou-se em covardia execrável (Lc 22.54).

- Em sétimo lugar, *Pedro, o discípulo que nega a Jesus.* Pedro negou, jurou e praguejou, dizendo que não conhecia Jesus (Mt 26.70,72,74). Pedro negou seu nome, suas convicções, sua fé, seu discipulado, seu Senhor. Pedro, no fragor da batalha, era menos que fragmento de pedra, era menos que discípulo, era apenas pó. Certamente, a Igreja de Cristo não pode estar edificada sobre a vulnerabilidade humana.

O PRIMADO DE PEDRO NÃO É RECONHECIDO PELOS DEMAIS APÓSTOLOS

Se Pedro tivesse a primazia entre os apóstolos e fosse o bispo universal, certamente ele teria recebido dos demais apóstolos esse reconhecimento. Entretanto, o Novo Testamento não tem nenhuma palavra a dar a favor dessa pretensão do catolicismo romano. Em lugar nenhum do Novo Testamento Pedro reconhece sua autoridade sobre os demais apóstolos e em lugar algum ele tenta exercer autoridade sobre eles. Veja alguns argumentos:

[O PAPADO E O DOGMA DE MARIA]

- Em primeiro lugar, *Pedro não nomeia apóstolo para o lugar de Judas*. No único caso de substituição de apóstolo, quando Matias assumiu o lugar de Judas Iscariotes, a escolha não foi feita por Pedro (At 1.15-26). Se Pedro fosse o cabeça da Igreja, o bispo universal da Igreja, certamente ele teria nomeado Matias.

- Em segundo lugar, *Pedro obedece às ordens dos apóstolos*. Pedro é enviado com João pelos apóstolos a Samaria, em vez de ele enviar alguém. Ele obedece ordens, em vez de dar ordens (At 8.14,15). Não faz sentido Pedro obedecer às ordens dos apóstolos, se ele fosse o bispo universal da Igreja. O ensino do romanismo é que o papa manda e não é mandado. Ele dá as ordens. Ele é o chefe supremo da Igreja. Por que, então, Pedro não deu ordens aos demais apóstolos para irem a Samaria? Porque ele não era o bispo universal da Igreja!

- Em terceiro lugar, *Pedro não dirige o primeiro concílio da Igreja*. As questões doutrinárias da Igreja não eram decididas por Pedro. O primeiro concílio da Igreja em Jerusalém foi dirigido por Tiago e não por Pedro (At 15.13-21). Se Pedro fosse o bispo universal da Igreja, Tiago teria usurpado pretensiosa e descabidamente a sua intransferível posição. Digno de nota, ainda, é o fato de que, depois desse Concílio de Jerusalém, Lucas nunca mais fez referência a Pedro no livro de Atos. Isso seria, no mínimo, uma gritante

[O APÓSTOLO PEDRO NUNCA FOI PAPA]

desconsideração com o bispo universal da Igreja, especialmente, porque a partir do capítulo 16 de Atos, narra-se a expansão da Igreja no Ocidente, chegando até Roma.

- Em quarto lugar, *todas as vezes que os discípulos discutiram acerca de primazia entre eles, receberam de Cristo severa reprovação.* Em três circunstâncias, os discípulos discutiram a questão da primazia entre eles, e Cristo os repreendeu em todas elas (Mc 9.35; Mt 20.25-28; Lc 22.24). No Reino de Deus, quem quiser ser o maior, deve ser o menor. Na Igreja de Deus não existe hierarquia. O sistema hierárquico do romanismo está em flagrante oposição ao ensino bíblico. Não há espaço para caudilhos na Igreja de Deus. A Igreja só tem um chefe, um dono, um cabeça, um bispo universal, Jesus Cristo, nosso Senhor.

- Em quinto lugar, *o ministério de Pedro foi designado por Deus como dirigido principalmente aos judeus e não aos gentios.* O apóstolo dos gentios foi Paulo, enquanto Pedro foi o apóstolo dos judeus (Gl 2.7,8). A própria natureza do apostolado de Pedro está em desarmonia com a aspiração romana. Aprouve a Deus direcionar o ministério de Pedro para os judeus, assim como o de Paulo para os gentios. Ora, os próprios limites do ministério de Pedro estão em aberta oposição à tese de que ele foi bispo da igreja de Roma.

- Em sexto lugar, *Pedro não é primaz de Jerusalém.* Paulo o chama de coluna da Igreja, com outros

[O PAPADO E O DOGMA DE MARIA]

apóstolos, mas não o menciona em primeiro lugar (Gl 2.9). Não há qualquer evidência bíblica de que tenha havido um primado de Pedro na igreja de Jerusalém, de Antioquia, ou mesmo de Roma, como ensina o catolicismo romano. O romanismo para sustentar a tese de que Pedro foi o primaz de Jerusalém e o bispo de Roma, tenta se agarrar em argumentos estranhos à Palavra de Deus.

- Em sétimo lugar, *o pastor das igrejas gentílicas não era Pedro e sim Paulo*. Paulo não se considerava inferior a nenhum apóstolo (2Co 12.11) e diz que sobre ele pesava a preocupação com todas as igrejas (2Co 11.28). O estudioso Loraine Boetner diz que Paulo foi sem dúvida o maior dos apóstolos. Ele escreveu muito mais livros do Novo Testamento do que Pedro. Suas 13 epístolas contêm 2.023 versículos, enquanto que as duas epístolas de Pedro contêm apenas 166 versículos. Paulo operou mais milagres, registrados no Novo Testamento, do que Pedro, e parece que ele organizou mais igrejas do que Pedro.[17]

- Em oitavo lugar, *Pedro é repreendido pelo apóstolo Paulo*. Pedro tornou-se repreensível em Antioquia, no que foi duramente exortado por Paulo (Gl 2.11-14). Em vez de infalível, Pedro torna-se repreensível.

- Em nono lugar, *no Novo Testamento os apóstolos se associam como iguais em autoridade*. Nenhuma distinção foi feita a favor de Pedro quando Jesus

[38]

[O APÓSTOLO PEDRO NUNCA FOI PAPA]

deu a grande comissão (Mt 28.18-20). De igual modo, quando Paulo tratou dos dons espirituais, não houve qualquer menção de primazia a Pedro (1Co 12.28). Quando Paulo trata da questão da edificação da Igreja, não faz nenhuma referência especial a Pedro, colocando-o numa posição de primazia. Escreve o apóstolo Paulo: "Edificados sobre o fundamento dos apóstolos e profetas, sendo ele mesmo, Cristo Jesus, a pedra angular" (Ef 2.20). Paulo não deu qualquer destaque a Pedro quando combateu a primazia propiciada a ele por um grupo da igreja de Corinto. Antes, equiparou-o a si e a Apolo, dando suprema importância apenas a Cristo (1Co 1.12).

O estudioso David Schaff, citando Lutero, diz:

> É claro como a luz do dia que, pelo Novo Testamento Pedro foi um pescador e um apóstolo; mas não há uma palavra que indique que ele houvesse sido posto como chefe de todas as igrejas do mundo.[18]

Pedro não reivindicou a autoridade papal

Outro argumento insofismável para provar que Pedro não foi bispo de Roma, nem bispo universal, é que ele não reivindicou autoridade papal.

- Em primeiro lugar, *Pedro não aceitou veneração de homens.* Quando Cornélio se ajoelhou diante de Pedro, e o adorou, imediatamente Pedro o levantou e disse: "Ergue-te, que eu também sou homem" (At 10.26). Pedro não ousou perdoar os pecados de Simão, o mágico, quando este pediu a ele e João para rogarem por ele (At 8.22,23). Os papas, contudo, não apenas aceitam, mas também exigem tais homenagens, a ponto de os homens, inclusive os mais elevados cardeais, prostrarem-se no chão diante de um papa recém-eleito para lhe beijar os pés.[19]

- Em segundo lugar, *Pedro autodenominou-se apenas servo e apóstolo de Cristo*. Quando Pedro escreveu suas cartas, se fosse de fato bispo universal ou papa da Igreja, teria de defender seu primado, mas ele não o fez. Ao contrário, apresentou-se como apóstolo de Cristo (1Pe 1.1) e como servo de Cristo (2Pe 1.1). Os anos se passaram e a Igreja se corrompeu, abandonando a sã doutrina. Com o desvio doutrinário, veio a ganância pelo poder. Os bispos deixaram de seguir o Carpinteiro de Nazaré, para cobiçar as mais altas honras e glórias humanas. O historiador Loraine Boetner escreve:

Depois do século IV, quando o Império Romano caiu, os bispos de Roma, calçaram os sapatos dos césares, assumiram o seu título pagão de *Pontifex Maximus*, o supremo sumo sacerdote da religião pagã de Roma, assentaram-se no trono de César e se envolveram nos adornos espalhafatosos do mesmo. E foi esse

[O APÓSTOLO PEDRO NUNCA FOI PAPA]

o papel que continuaram desempenhando desde então.[20]

- Em terceiro lugar, *Pedro considerou-se presbítero entre os outros presbíteros e não acima dos demais.* Pedro não reivindicou o mais alto lugar na Igreja como alguns esperariam que fizesse ou como alguns reivindicam para ele. Ao contrário, Pedro se colocou no mesmo nível daqueles a quem exortou. Ele proibiu os líderes de serem senhores absolutos do povo. Pedro reprovou a atitude de um presbítero querer dominar sobre o rebanho de Deus e chamou a si mesmo de presbítero entre eles e não acima dos demais. Veja as próprias palavras do apóstolo Pedro:

> Rogo, pois, aos presbíteros que há entre vós, eu, presbítero como eles, e testemunha dos sofrimentos de Cristo, e ainda co-participante da glória que há de ser revelada: pastoreai o rebanho de Deus que há entre vós, não por constrangimento, mas espontaneamente, como Deus quer; nem por sórdida ganância, mas de boa vontade; nem como dominadores dos que vos foram confiados, antes, tornando-vos modelos do rebanho. Ora, logo que o Supremo Pastor se manifestar, recebereis a imarcescível coroa da glória (1Pe 5.1-4).

A igreja romana age na contramão destas instruções, quando afirma que Pedro foi bispo

[O PAPADO E O DOGMA DE MARIA]

acima dos demais. A idéia de um primado de Pedro entre os apóstolos está em total desacordo com o ensino das Escrituras.

- Em quarto lugar, *Pedro condenou o que o catolicismo romano aprova.* Quando examinamos o ministério do apóstolo Pedro e lemos suas duas cartas, constatamos que Pedro combateu severamente o que o catolicismo romano aprova e pratica, ou seja, as "detestáveis idolatrias" (2Pe 4.3) e "o domínio" dos líderes sobre o rebanho de Deus (1Pe 5.3). A simples leitura das cartas escritas por Pedro reprova as descabidas pretensões do catolicismo romano.

PEDRO NÃO FOI BISPO DA IGREJA DE ROMA

De acordo com a tradição do catolicismo romano, Pedro foi bispo da igreja de Roma durante 25 anos, ou seja, de 42 a 67 d.C., quando foi crucificado de cabeça para baixo, por ordem de Nero. O estudioso Daniel Rops, apoiando a tese do pontificado de Pedro em Roma, escreve:

> Não há dúvida alguma de que o príncipe dos apóstolos veio a Roma, tendo chegado lá muito cedo. É certo também que ali fez uma estada muito longa, de cerca de 25 anos, interrompida apenas por curtas ausências, devidas principalmente a viagens a Jerusalém. Por último, também se sabe que o seu

[O APÓSTOLO PEDRO NUNCA FOI PAPA]

martírio ocorreu na cidade que ele consagrou com o seu sangue.[21]

Vários são os argumentos que podemos usar para refutar essa pretensão romana:

- Em primeiro lugar, *a Bíblia não tem nenhuma palavra sobre o bispado de Pedro em Roma.* A palavra Roma aparece apenas nove vezes na Bíblia e Pedro nunca foi mencionado em conexão com ela.[22] Não há nenhuma alusão a Roma nas epístolas de Pedro. O livro de Atos nada mais fala de Pedro depois de Atos 15. O que sabemos é que ele fez muitas viagens com sua mulher (1Co 9.5). A versão católica *Confraternity Version* traduz *mulher* por *irmã,* mas a palavra grega é *gune,* esposa e não *adelphe,* irmã.[23] O catolicismo romano que instituiu o dogma do celibato entra em contradição quando afirma que Pedro foi o primeiro papa, sendo ele um homem casado. O Novo Testamento tem duas afirmações categóricas acerca do estado civil do apóstolo Pedro. A primeira citação encontra-se em Marcos 1.30,31, quando menciona que Cristo curou a sua sogra. O segundo texto é 1Coríntios 9.5, quando Paulo diz que Pedro viajava com a sua mulher.
- Em segundo lugar, *não há nenhuma menção de que Pedro tenha sido o fundador da igreja de Roma.* Possivelmente os romanos presentes no Pentecoste (At 2.10,11) foram os fundadores

[O PAPADO E O DOGMA DE MARIA]

da igreja. O historiador Benjamin Scott em seu livro *As catacumbas de Roma* apóia essa idéia. Assim ele se expressa: "O cristianismo tinha-se estabelecido em Roma no reinado de Cláudio, 25 anos depois da morte de Cristo. É provável que tivesse sido levado por alguns daqueles três mil cristãos, fruto do sermão de Pedro no dia de Pentecoste".[24]

- Em terceiro lugar, *no ano 60 d.C., quando Pedro escreveu sua primeira carta, ele não estava em Roma.* Pedro escreveu essa carta do Oriente e não do Ocidente. Ele estava na Babilônia, Assíria, e não em Roma (1Pe 5.13). A Babilônia que Pedro menciona aqui é literalmente a cidade Babilônia, no rio Eufrates, e não Roma como ensina a Versão *Fraterna da Bíblia da igreja católica.*[36] Flávio Josefo diz que na província da Babilônia havia muitos judeus, o que confirma o apostolado de Pedro entre os judeus (Gl 2.9). Os judeus nessa data foram expulsos pelo imperador Cláudio.[25]

- Em quarto lugar, *Paulo escreve sua carta à igreja de Roma em 58 d.C. e não menciona Pedro.* Nesse período, segundo o ensino do catolicismo romano, Pedro estaria no apogeu do seu pontificado em Roma, mas Paulo não dirige sua carta a Pedro. Ao contrário, dirige a carta à igreja como seu instrutor espiritual. Diz Paulo: "Porque não quero, irmãos, que ignoreis que, muitas vezes, me propus ir ter convosco, no que tenho sido,

[O apóstolo Pedro nunca foi papa]

até agora, impedido, para conseguir igualmente entre vós algum fruto, como também entre os outros gentios" (Rm 1.13). Ora, se Pedro fosse o bispo da igreja de Roma, Paulo estaria faltando com a ética pastoral. Se Pedro fosse o pastor da igreja de Roma, Paulo estaria desconsiderando o colega de ministério e laborando em seara alheia.

No capítulo 16 da carta aos Romanos, Paulo faz 26 saudações aos mais destacados membros da igreja de Roma e não menciona Pedro nenhuma vez. Seria inaceitável essa omissão de Paulo, caso Pedro fosse o bispo da Igreja.

Se Pedro já era bispo da igreja de Roma há 16 anos (42 d.C. a 58 d.C.), por que Paulo diz: "Porque muito desejo ver-vos, a fim de repartir convosco algum dom espiritual, para que sejais confirmados" (Rm 1.11)? Não seria um insulto gratuito a Pedro? Não seria presunção de Paulo com o papa da Igreja?

Se Pedro fosse papa da igreja de Roma, por que Paulo diz que não costumava edificar sobre o fundamento de outrem: "Esforçando-me deste modo por pregar o evangelho, não onde Cristo já fora anunciado, para não edificar sobre fundamento alheio" (Rm 15.20)? Obviamente, Paulo diz isso porque Pedro não estava em Roma nem era o bispo da igreja de Roma.

- Em quinto lugar, *Paulo escreve cartas de Roma e não menciona Pedro.* Enquanto Paulo esteve

[O PAPADO E O DOGMA DE MARIA]

preso em Roma, (61 d.C. a 63 d.C.), ele convocou os principais dos judeus e eles se reuniram com ele e nada se fala de Pedro. Nenhuma carta da Judéia foi enviada aos judeus de Roma, a respeito de Paulo. Nenhum irmão disse qualquer coisa em defesa de Paulo, que estava preso em Roma, por causa da esperança de Israel. Além do mais, os judeus nada sabiam "desta seita" que estava sendo impugnada por toda parte (At 28.16-22). Se Pedro era o bispo universal da igreja, por que nada fez para defender o apóstolo Paulo? Por que nada disse e nada escreveu em defesa do seu companheiro de ministério? Se Pedro era o bispo de Roma, como esses líderes judeus nada sabiam sobre o cristianismo (At 28.22)?

Paulo escreve quatro cartas da sua primeira prisão em Roma (Efésios, Filipenses, Colossenses, Filemom) e envia saudações dos crentes de Roma às igrejas e não menciona Pedro em nenhuma dessas cartas. Ora, se nesse tempo, como diz o catolicismo romano, Pedro era o bispo da igreja de Roma, faltou a Paulo respeito ou no mínimo cortesia com a maior autoridade da Igreja. Ademais, se Pedro estava em Roma nesse tempo, como se deve entender a revelação referida no livro de Atos, em que Jesus disse a Paulo: "... Coragem! Pois do modo por que deste testemunho a meu respeito em Jerusalém, assim importa que também o faças em Roma" (At 23.11)? Se Pedro estava em Roma, não caberia a ele estar

[46]

[O apóstolo Pedro nunca foi papa]

cumprindo esta função? Onde se encontrava o suposto papa de Roma nessa ocasião?[26]

Durante sua segunda prisão, Paulo escreveu sua última carta (2Timóteo), em 67 d.C. Paulo diz que todos os seus amigos o abandonaram e que apenas Lucas estava com ele (2Tm 4.10,11). Pedro estava lá? Se Pedro estava, faltou-lhe cortesia por nunca ter visitado e assistido Paulo na prisão.

- Em sexto lugar, *não há nenhum fato bíblico ou histórico em que Pedro transfira seu suposto posto de papa a um sucessor.* Não apenas está claro à luz da Bíblia e da História que Pedro não foi papa, como também não há nenhuma evidência bíblica ou histórica de que os papas são sucessores de Pedro.

Ainda que Pedro tenha sido o bispo de Roma, o primeiro papa da Igreja, (o que já está fartamente provado com irrefragáveis provas que não foi), não temos prova que haja legítima sucessão apostólica; e se tivesse, os supostos sucessores deveriam subscrever as mesmas convicções teológicas de Pedro.[27] O catolicismo romano crê, defende e prega doutrinas estranhas às Escrituras, que bandeiam para uma declarada apostasia religiosa. Assim, é absolutamente incongruente afirmar que o papa possa ser um legítimo sucessor de Pedro, quando sua teologia e sua prática estão em flagrante oposição ao que o apóstolo Pedro creu e pregou. Pedro condenou o que os papas aprovam.

[47]

[O PAPADO E O DOGMA DE MARIA]

- Em sétimo lugar, *os pais da Igreja e os reformadores não acreditaram no bispado de Pedro em Roma*. Nenhum dos Pais da Igreja Primitiva dá apoio à crença de que Pedro tenha sido bispo em Roma, até Jerônimo no século V.[28] O historiador Colin Brown lança luz sobre esta matéria, quando afirma:

> Não há o mínimo indício de que Pedro tenha sido em qualquer tempo bispo de Roma. Realmente, o documento primário para a igreja em Roma na era subapostólica é Clemente, mas esta carta nada parece informar acerca da primazia de um bispo de Roma. Parece que a igreja em Roma naquele tempo era governada por um colégio de presbíteros [...]. Tais considerações derrubam não somente a idéia de uma primazia especial no ensino, concedida a Pedro, como também a idéia de um magistrado de ensino hierárquico, formalmente investido no ofício episcopal da Igreja.

Assim, o catolicismo romano edifica o seu sistema papal, não sobre a doutrina do Novo Testamento, nem sobre fatos da História, mas apenas sobre tradições humanas, desprovidas de sólido fundamento.[29] Dos inúmeros Pais da Igreja, somente 77 opinaram a respeito do primado de Pedro em Mateus 16.18, sendo que 44 reconheceram ser a fé do apóstolo Pedro a rocha. Os outros 16 julgaram ser o próprio Cristo e somente 17 concordaram com a tese vaticana. Nenhum deles afirmou a infalibilidade de Pedro e tampouco o tinham como papa.[30]

O reformador João Calvino chegou a dizer: "Posto que os escritores estão de acordo que Pedro morreu em Roma, não o contraditarei. Mas que haja sido bispo de Roma, sobretudo, por muito tempo, não há quem me possa fazer crer".[31] O escritor David Schaff, citando Jerônimo, diz que Pedro foi crucificado de cabeça para baixo, em Roma, dizendo que não era digno de ser crucificado da mesma maneira que o Senhor o fora.[32] Ainda que houvesse consenso de que Pedro esteve em Roma e que lá foi martirizado, isso ainda não seria o suficiente para alterar a avalanche de argumentos bíblicos que se opõem ao estabelecimento de seu papado.[33]

Concluindo, concordamos que, na verdade, Pedro foi um príncipe de Deus, mas não foi o príncipe dos Apóstolos.[34]

Concordamos, ainda, com a sábia posição do escritor Loraine Boetner, quando disse:

> O fato é que com a morte dos apóstolos, seus lugares como guias da Igreja foram tomados não por um papa infalível, mas pela Escritura inspirada e infalível que nessa ocasião já fora compilada, a qual nós chamamos de Novo Testamento, através da qual Deus falaria à Igreja daquele período até o fim dos tempos.[35]

[O PAPADO E O DOGMA DE MARIA]

NOTAS

1. David S. Schaff. *Nossa crença e a de nossos pais*, p. 232.
2. Jorge Buarque Lira. *Catolicismo romano*, p. 302.
3. Hernandes Dias Lopes. *O melhor de Deus para sua vida.* Editora Betânia. Venda Nova, MG, 2004, p. 114-9.
4. Paulo Cristiano. *Revista Defesa da Fé.* Ano 9. Número 70, julho de 2004, p. 50.
5. Loraine Boetner. *Catolicismo romano*, p. 90.
6. Loraine Boetner. *Catolicismo romano*, p. 90.
7. Anibal Pereira Reis. *Pedro nunca foi papa! Nem o papa é vigário de Cristo.* Edições Damasco. São Paulo, SP, 1975, p. 45.
8. Anibal Pereira Reis. *Pedro nunca foi papa! Nem o papa é vigário de Cristo*, p. 45.
9. Anibal Pereira Reis. *Pedro nunca foi papa! Nem o papa é vigário de Cristo*, p. 51.
10. Anibal Pereira Reis. *Pedro nunca foi papa! Nem o papa é vigário de Cristo*, p. 91.
11. Ernesto Luiz de Oliveira. *Roma, a Igreja e o anticristo.* Casa Editora Presbiteriana. São Paulo, SP, 1960, p. 47; Anibal Pereira Reis. *Pedro nunca foi papa! Nem o papa é vigário de Cristo*, 1975, p. 70.
12. Ernesto Luiz de Oliveira. *Roma, a Igreja e o anticristo*, p. 48.
13. Paulo Cristiano. *Revista Defesa da Fé.* Ano 9. Número 70, julho de 2004, p. 52.
14. Loraine Boetner. *Catolicismo romano*, p. 94.
15. Loraine Boetner. *Catolicismo romano*, p. 94.
16. Aramis C. de Barros. *Doze homens, uma missão.* Editora Luz e Vida. Curitiba, PR, 1999, p. 331-4.

[O apóstolo Pedro nunca foi papa]

[17] Loraine Boetner. *Catolicismo romano*, p. 96.
[18] David S. Schaff. *Nossa crença e a de nossos pais*, p. 236-7.
[19] Loraine Boetner. *Catolicismo romano*, p. 96.
[20] Loraine Boetner. *Catolicismo romano*, p. 96.
[21] Daniel Rops. *História da Igreja de Cristo*. Livraria Tavares Martins. Porto, Portugal, 1960, p. 109.
[22] Loraine Boetner. *Catolicismo romano*, p. 99.
[23] Loraine Boetner. *Catolicismo romano*, p. 99.
[24] Benjamin Scott. *As catacumbas de Roma*. CPAD. Rio de Janeiro, RJ, 1982, p. 66-7.
[25] Jorge Linhares e Roosevelt Silveira. *A pedra fundamental*. Editora Getsêmani. Belo Horizonte, MG, 2001, p. 37.
[26] Paulo Cristiano. *Revista Defesa da Fé*. Ano 9. Número 70, julho de 2004, p. 56.
[27] Colin Brown. *Dicionário Internacional de Teologia do Novo Testamento*. Vol. 2. Edições Vida Nova. São Paulo, SP, 2000, p. 1619-20.
[28] Loraine Boetner. *Catolicismo romano*, p. 102.
[29] Loraine Boetner. *Catolicismo romano*, p. 102.
[30] Paulo Cristiano. *Revista Defesa da Fé*. Ano 9. Número 70, julho de 2004, p. 56.
[31] Juan Calvino. *Institución de la Religión Cristiana*. Vol. 2, 1967, p. 884.
[32] David S. Schaff. *Nossa crença e a de nossos pais*, p. 238.
[33] Paulo Cristiano. *Revista Defesa da Fé*. Ano 9. Número 70, julho de 2004, p. 55.
[34] Loraine Boetner. *Catolicismo romano*, p. 104.
[35] Loraine Boetner. *Catolicismo romano*, p. 103.

Capítulo Dois

[O PAPA USURPA O LUGAR DA TRINDADE]

Não é coisa irrelevante alguém se colocar no lugar de Deus. A posição do pontífice romano atenta contra a própria Trindade. Veja os seguintes argumentos:

O PAPA USURPA O LUGAR DE DEUS PAI

- Em primeiro lugar, *o papa usurpa o lugar de Deus Pai, quando se chama papa, pai da igreja.* A palavra *papa* significa pai, e nesse sentido, Jesus disse que não podemos chamar a ninguém de pai: "A ninguém sobre a terra chameis vosso pai;

[O PAPADO E O DOGMA DE MARIA]

porque só um é vosso Pai, aquele que está nos céus" (Mt 23.9). Nenhum homem sobre a terra pode ser considerado pai dos cristãos. Somos gerados do Espírito e somos filhos do Deus Altíssimo. Só Ele é o nosso Pai.

- Em segundo lugar, *o papa usurpa o lugar de Deus Pai, quando se diz infalível.* O dogma romano da infalibilidade papal diz que o papa, ao falar *ex cathedra*, é infalível. O catolicismo romano ensina que tudo o que o papa diz e requer quando fala *ex cathedra* deve ser considerado como tendo a mesma autoridade da Palavra de Deus. O papa Pio IX, que desenvolveu o mais longo pontificado da igreja romana (1846-1878), foi quem instituiu esse dogma da infalibilidade papal no Concílio Vaticano, em 1870. Mas, como pode ser infalível aquele que criou dogmas contrários às Escrituras como a veneração de imagens, intercessão pelos mortos, canonização de santos, confessionário, transubstanciação, purgatório, culto a Maria?

Nenhum homem pode arrogar para si a posição de infalibilidade. Só Deus é infalível, somente Ele não está sujeito a erro. Todos os homens são limitados, contingentes e falíveis. A doutrina da infalibilidade papal é uma arrogância e uma blasfêmia; é uma presunção intolerável e inconseqüente. É querer assentar-se no trono como se fosse o próprio Deus, visto que só Deus é perfeito e infalível em todos os seus caminhos.

O PAPA USURPA O LUGAR DE DEUS FILHO

Se não bastasse ao papa querer ocupar o lugar de Deus Pai, ele também procura ocupar o lugar do Deus Filho. Veja:

- Em primeiro lugar, *o papa usurpa o lugar de Cristo quando diz ser ele a pedra fundamental da igreja*. No Antigo Testamento, *pedra* é sempre uma metáfora para Deus. O profeta Isaías escreve: "Portanto, assim diz o Senhor Deus: Eis que eu assentei em Sião uma pedra; pedra já provada, pedra preciosa, angular, solidamente assentada; aquele que crer não foge" (Is 28.16). De igual modo, o salmista escreve: "A pedra que os construtores rejeitaram, essa veio a ser a principal pedra, angular" (Sl 118.22). Jesus Cristo afirmou que Ele mesmo é a pedra (Mt 21.42). Pedro, também, por duas vezes, disse que Cristo é a pedra (At 4.11,12; 1Pe 2.4-6). O apóstolo Paulo, de igual modo, disse que Cristo é o único fundamento sobre o qual a Igreja deve ser edificada (1Co 3.11). Disse, também, que os apóstolos são o fundamento secundário (Ef 2.20), mas que Cristo é a pedra angular. Paulo é categórico em afirmar que Cristo é a pedra (1Co 10.4).
- Em segundo lugar, *o papa usurpa o lugar de Cristo quando se diz sumo pontífice*. A palavra *sumo* significa supremo. A palavra *pontífice*,

[O PAPADO E O DOGMA DE MARIA]

vindo do latim *pontifix*, significa construtor de pontes. Sumo pontífice, então, significa supremo mediador. Esse dogma romano contraria o ensino bíblico da mediação exclusiva de Jesus Cristo. Nosso Senhor ensina que não podemos chegar até Deus fora do seu ministério mediatório. Jesus disse para Tomé: "Eu sou o caminho, e a verdade, e a vida; ninguém vem ao Pai senão por mim" (Jo 14.6). O apóstolo Paulo, escrevendo sobre o ministério mediatório de Cristo, diz: "Porquanto há um só Deus e um só mediador entre Deus e os homens, Cristo Jesus, homem" (1Tm 2.5). Jesus não é apenas um mediador, Ele é o único mediador. Qualquer outro é um usurpador.

- Em terceiro lugar, *o papa usurpa o lugar de Cristo quando se diz cabeça e chefe da Igreja.* A teologia do catolicismo romano ensina que o papa é o cabeça e chefe da Igreja militante, purgante e triunfante. O Catecismo de Baltimore, *Confraternity Edition,* diz, na questão 147: "Em sua igreja, Cristo deu um poder especial a São Pedro, fazendo-o o cabeça dos apóstolos e o mais importante professor e administrador de toda a Igreja... São Pedro foi reconhecido pelos primeiros cristãos como o cabeça da Igreja". A questão 148 continua, dizendo: "Cristo não intentava que o poder especial do mais importante professor e administrador de toda a Igreja pudesse ser exercido apenas por São Pedro, mas intentava que esse poder pudesse passar a seus sucessores,

[56]

[O PAPA USURPA O LUGAR DA TRINDADE]

o papa, o bispo de Roma, que é vigário de Cristo sobre a terra e o visível cabeça da Igreja". Por fim, a questão 159 diz: "... O supremo poder de São Pedro na Igreja tem passado por uma linha ininterrupta de seus sucessores na Santa Sé de Roma".[1] Um Catecismo de Doutrina, de Thomas L. Kinkead, diz, na questão 496: "Nosso santo pai, o papa, o bispo de Roma, é o vigário de Cristo sobre a terra e o visível cabeça da Igreja".[2]

O título "cabeça da Igreja" é usado certo número de vezes por Paulo em suas cartas aos efésios e colossenses, sendo invariavelmente aplicado a Cristo (Ef 1.22; 5.23; Cl 1.18). O próprio Pedro chama Jesus de *supremo pastor* (1Pe 5.4). Se a Igreja pode ter duas cabeças, então a mulher pode ter dois maridos (Ef 5.23). O Senhor Jesus nunca passou uma procuração para nenhum dos seus apóstolos ser o cabeça da sua Igreja. Essa posição de honra só pertence àquele que foi morto e ressuscitou e está à destra de Deus Pai.

- Em quarto lugar, *o papa usurpa o lugar de Cristo quando reivindica preeminência jurisdicional*. O único que tem preeminência na Igreja é Cristo. O apóstolo Paulo é enfático quando fala sobre Cristo: "Ele é a cabeça do corpo, da Igreja. Ele é o princípio, o primogênito de entre os mortos, para em todas as cousas ter a primazia"(Cl 1.18). A glória que os papas buscam para si é vanglória, visto que essa glória só pertence ao eterno Filho de Deus.

[O PAPADO E O DOGMA DE MARIA]

O PAPA USURPA O LUGAR DO ESPÍRITO SANTO

Já vimos que o papa usurpa o lugar de Deus Pai e o lugar de Deus Filho. Veremos, agora, que ele também usurpa o lugar do próprio Deus Espírito Santo.

- Em primeiro lugar, *o papa usurpa o lugar do Espírito Santo quando arroga para si a posição de vigário de Cristo na terra*. Vimos que a palavra *vigário* significa *substituto*. O Catecismo de Nova York diz: "O papa ocupa o lugar de Jesus Cristo na Terra... por direito divino, o papa tem poder amplo e supremo, em relação à fé e às morais, sobre todo e qualquer pastor e seu rebanho. Ele é o verdadeiro vigário de Cristo, o cabeça de toda a Igreja, pai e professor de todos os cristãos. É o governador infalível, aquele que funda dogmas e autor e juiz de conselhos; o governador universal da fé, árbitro do mundo, supremo juiz de todos, não sendo julgado por ninguém. É o próprio Deus sobre a terra".[3]

  O papa João XXIII disse em sua coroação, em novembro de 1958: "Ninguém pode entrar no aprisco de Jesus Cristo se não for guiado pelo supremo pontífice. Os homens só podem chegar à salvação quando estão unidos a ele, isso porque o pontífice romano é o vigário de Cristo e seu representante na Terra".[4]

  O substituto de Cristo é o Espírito Santo e não o papa. O Senhor Jesus deixou este assunto

[58]

[O PAPA USURPA O LUGAR DA TRINDADE]

meridianamente claro. Veja o testemunho de Jesus, conforme registrado nas Escrituras:

E eu rogarei ao Pai, e ele vos dará outro Consolador, a fim de que esteja para sempre convosco, o Espírito da verdade, que o mundo não pode receber, porque não no vê, nem o conhece; vós o conheceis, porque ele habita convosco e estará em vós [...] Mas o Consolador, o Espírito Santo, a quem o Pai enviará em meu nome, esse vos ensinará todas as cousas e vos fará lembrar de tudo o que vos tenho dito [...] Quando, porém, vier o Consolador, que eu vos enviarei da parte do Pai, o Espírito da verdade, que dele procede, esse dará testemunho de mim [...] Mas eu vos digo a verdade: convém-vos que eu vá, porque, se eu não for, o Consolador não virá para vós outros; se, porém, eu for, eu vo-lo enviarei [...] quando vier, porém, o Espírito da verdade, ele vos guiará a toda a verdade; porque não falará por si mesmo, mas dirá tudo o que tiver ouvido e vos anunciará as cousas que hão de vir. Ele me glorificará, porque há de receber do que é meu e vo-lo há de anunciar (Jo 14.16,17,26;15.26;16.7,13,14).

- Em segundo lugar, *a presença de Cristo no meio da Igreja dá-se não pela presença do papa, mas pela presença do Espírito Santo* (Mt 18.20; 28.20). O papa está em Roma, e não tem a capacidade de estar em todo lugar, ao mesmo tempo. Mas o Espírito Santo sim, está em nós e conosco, sempre! Para que o papa pudesse ser o vigário de

[O PAPADO E O DOGMA DE MARIA]

Cristo na Terra e estar sempre com a Igreja em todos os tempos e em todos os lugares, precisaria ser ubíquo, ou seja, precisaria ter o atributo da onipresença. Desta forma, a reivindicação papal de ser o substituto de Cristo na Terra é uma arrogância, uma usurpação, uma blasfêmia.

- Em terceiro lugar, *a Bíblia fala de um vigário espúrio de Cristo*. O anticristo é um substituto espúrio de Cristo (2Ts 2.4,9,10). O prefixo anti significa *em vez de* ou *em lugar de*. Diz o ex-padre Anibal Pereira Reis: "Se o legítimo vigário de Cristo é o Espírito Santo, o falso é o papa".[5] O papa está mais para o papel de anticristo do que para o papel de legítimo substituto de Cristo, uma vez que esse é o papel exclusivo do Espírito Santo.

NOTAS

[1] Laurence A. Justice. *Catolicismo e o papado* em *O mediador* Ano IV. Número 31, 2005, p. 7.

[2] Laurence A. Justice. *Catolicismo e o papado* em *O mediador* Ano IV. Número 31, 2005, p. 9.

[3] Laurence A. Justice. *Catolicismo e o papado* em *O mediador* Ano IV. Número 31, 2005, p. 8.

[4] Laurence A. Justice. *Catolicismo e o papado* em *O mediador* Ano IV. Número 31, 2005, p. 8.

[5] Anibal Pereira Reis. *Pedro nunca foi papa! Nem o papa é vigário de Cristo*, 1975, p. 226.

Capítulo Três

[A ASCENSÃO E DECADÊNCIA DO PAPADO NA HISTÓRIA]

A Igreja primitiva não era romana nem protestante. Não havia nenhuma denominação. A Igreja era fiel à doutrina apostólica. Mesmo sob intensa perseguição, manteve-se ortodoxa, fiel, santa e pura. E enfrentando o martírio, jamais negociou a verdade.

ATÉ O SÉCULO 4 D.C., A IGREJA NADA TINHA A VER COM O CATOLICISMO ROMANO

Os cristãos primitivos foram queimados vivos, jogados nas arenas para serem pisoteados pelos touros enfurecidos, enrolados em peles de animais para serem

[O PAPADO E O DOGMA DE MARIA]

mordidos pelos cães, foram lançados nos anfiteatros para serem devorados pelos leões esfomeados da Líbia. Mas, eles enfrentaram a morte com galhardia, e mesmo marchando para o martírio, glorificavam a Deus pelo privilégio de sofrerem pelo nome de Cristo.

Essa igreja sofredora não foi a igreja romana, nem a igreja romana é a igreja mãe. A História atesta com abundantes provas que a igreja mãe é a Igreja apostólica, uma igreja bíblica, comprometida com a Palavra de Deus e com o testemunho fiel do evangelho.

DEPOIS DA CONVERSÃO DO IMPERADOR CONSTANTINO, O CRISTIANISMO FOI DECLARADO RELIGIÃO OFICIAL DO IMPÉRIO

A suposta conversão de Constantino ao cristianismo abriu largas avenidas para a paganização contínua da Igreja. A mesma igreja perseguida é declarada religião oficial do império. A partir daí, os cristãos deixaram de ser perseguidos. Suas terras confiscadas foram devolvidas. Igrejas pomposas foram construídas com o dinheiro do Estado. Quando uma pessoa tornava-se cristã, em vez de ser ameaçada, presa, perseguida e morta, recebia as benesses do governo e os aplausos do imperador.

O imperador passou a ser chefe da Igreja e o chefe do Estado. A porta de entrada da igreja passou a ser a conveniência e não a conversão. As pessoas vinham para a Igreja trazendo suas crendices e doutrinas pagãs. A Igreja encheu-se de gente não convertida e desviou-se a

[A ASCENSÃO E DECADÊNCIA DO PAPADO NA HISTÓRIA]

largos passos da doutrina dos apóstolos. O grande mestre de Direito, o nosso jurista brasileiro, Rui Barbosa, comentando sobre o imperador Constantino, escreve:

> O imperador não batizado recebe o título de *bispo exterior*; julga e depõe bispos; convoca e preside concílios; resolve sobre dogmas. Já não era mais esta, certo, a igreja dos primeiros cristãos. Estes repeliriam como sacrilégio as monstruosas concessões ao odioso absolutismo dos imperadores, as homenagens ao déspota que se ensangüentou com a morte de dois sobrinhos, do cunhado, do filho e da mulher, e que, enquanto recebia reverência nas basílicas cristãs, aceitava adoração como Deus nos templos do paganismo. Adquiriu a igreja a influência temporal; mas a sua autoridade moral decresceu na mesma proporção; de perseguida tornou-se perseguidora; buscou riquezas, e se corrompeu; derramou sangue, para impor silêncio à heterodoxia; e, sujeitando o espírito à letra, iniciou esse formalismo, que foi o primeiro sintoma da sua decadência, e se não se suprimir, por uma reforma que a aproxime da sua origem, há de ser a causa final da sua ruína.[1]

A DISPUTA DE PODER ECLESIÁSTICO SE ESTABELECE NAS PRINCIPAIS IGREJAS

O historiador Justo González diz que durante os primeiros séculos da história da igreja, o centro

[O PAPADO E O DOGMA DE MARIA]

numérico do cristianismo esteve no Oriente, e por isso bispos de cidades como Antioquia e Alexandria tinham muito mais importância que o bispo de Roma. Do Oriente também eram aqueles que davam a direção teológica e espiritual da Igreja.[2] No princípio, não havia nenhuma honra especial à sé romana. Tratavam o pastor romano de igual para igual. Os poderes usurpados, porém, aumentaram substancialmente. Os conselhos, que em princípio eram simplesmente fraternais, converteram-se bem depressa, na boca do pontífice, em ordens obrigatórias. O primeiro posto entre iguais pareceu-lhes em breve um trono.[3]

Pelo final do século 4d.C., o mundo cristão estava dividido entre os cinco patriarcas das principais cidades do império, que disputavam a primazia: Roma, Constantinopla, Alexandria, Antioquia e Jerusalém.[4]

No concílio de Nicéia, em 325 d.C., foi reconhecida aos bispos de Alexandria e Antioquia jurisdição sobre suas províncias, como a que o bispo de Roma exercia sobre a província romana.[5] O concílio de Calcedônia, em 451 d.C., manteve a mesma posição.

No primeiro estágio, diz David Schaff, o bispo romano tinha jurisdição igual à dos outros bispos; no segundo, tinha a primazia de honra, concedida pelas igrejas do Oriente; e, finalmente, o bispo de Roma usurpou a primazia de jurisdição sobre o Ocidente e reivindicou essa primazia em relação a todo o mundo cristão.[6]

A lógica simples desenvolvida na gestação do papado foi a seguinte: se Roma era a rainha das cidades do universo, por que seu pastor não seria o rei dos bispos? Por que a igreja romana não seria a mãe da cristandade? Por que os povos não seriam seus filhos, e sua autoridade sua lei soberana? É fácil ao coração ambicioso do homem fazer tais arrazoados, e a ambiciosa Roma o fez.[7]

O IMPERADOR FOCAS NOMEOU GREGÓRIO I, O BISPO DE ROMA, COMO BISPO UNIVERSAL

Em 604 d.C., o imperador Focas nomeou Gregório I, bispo universal, mas ele rejeitou o título, dizendo que quem o aceitasse deveria ser considerado precursor do anticristo.

Em 607 d.C., Focas nomeou Bonifácio III, bispo de Roma, como bispo universal e ele aceitou o título,[8] começando aí a pretensão da jurisdição universal do papa sobre toda a Igreja. Os primeiros 600 anos da era cristã, entretanto, nada afirmam sobre qualquer supremacia espiritual da parte dos bispos de Roma.[9] Contrariando as evidências bíblicas e históricas, o Catecismo de Nova York faz estridente apologia da legitimidade papal, quando diz:

> O papa é o verdadeiro vigário de Cristo, o cabeça de toda a igreja, o pai de todos os cristãos. Ele é governador infalível, o instituidor dos dogmas, o autor e o juiz dos concílios; o soberano universal da verdade, o árbitro do mundo, o supremo juiz do céu

[O papado e o dogma de Maria]

e da terra, o juiz de todos, não sendo ele julgado por ninguém na terra.[10]

Hildebrando, o papa Inocêncio III, uma das mais destacadas figuras do catolicismo romano, destacando as pretensões do papado, diz que a igreja romana foi fundada exclusivamente por Deus, e que só o pontífice de Roma pode, de direito, ser chamado universal. Afirma, ainda, que só o papa pode depor e restaurar bispos. Que só ele pode usar a insígnia imperial. Que lhe é permitido depor imperadores. Que ele não pode ser julgado por ninguém. Que ele pode absolver homens maus, súditos de sua vassalagem.[11]

A tiara ou tríplice coroa que o papa usa simboliza o seu tríplice poder: magistério, ministério e governo. Ou o seu poder absoluto sobre a Igreja militante, purgante e triunfante, porque ele o exerce na terra, no purgatório e no céu.[12] Desta maneira, o catolicismo romano busca exercer jurisdição sobre os fiéis até depois da morte. O papa tem poder para soltar todas as almas que desejar, livrando-as de terríveis sofrimentos do purgatório. Obviamente, essas pretensões não são legítimas, visto que ferem frontalmente o ensino das Escrituras.

A Bíblia não oferece nenhuma esperança para o homem que se mantém rebelde à graça de Deus até sua morte. Nenhum homem e nenhuma igreja podem dar ou privar alguém da salvação: esta é um dom exclusivo de Deus. Depois da morte, não há mais chance de salvação, mas apenas o juízo. A Bíblia diz: "E, assim como aos homens está ordenado morrerem uma só vez, vindo, depois disto, o juízo" (Hb 9.27). Depois da morte, é impossível reverter a condição espiritual de uma pessoa (Lc 16.25,26). A pretensão romana de exercer jurisdição espiritual sobre as vidas, mesmo depois da morte, é uma conspiração contra a verdade revelada de Deus.

O PAPA NICOLAU I (858-867) FOI O PRIMEIRO A USAR A COROA, SERVINDO-SE DO DOCUMENTO ESPÚRIO, AS FALSAS DECRETAIS DE ISIDORO

O cânon de Nicéia, reconhecendo a paridade de jurisdição de Alexandria, Antioquia e Roma, cada qual em seu próprio território, apareceu na tradução latina com o título: *Roma sempre teve o primado.*

A frase de Agostinho: *causa finita est* (a causa está decidida), foi mudada para (*Roma locuta est; causa finita est*) (Roma falou, decidiu-se a causa), e foi assim citada no Manual de Catecismo, de Pio X.[13]

A mais influente fraude documental da História foram as *Decretais de Isidoro*, que apareceram em 853 d.C., e foram utilizadas por Nicolau I para fortalecer o seu poder.[14] Essas decretais foram incorporadas ao direito canônico e por 600 anos continuaram a ser usadas como a prova máxima da supremacia papal sobre a Igreja e o Estado. Segundo o pseudo-Isidoro, a sé romana é "a cabeça, o coração, a mãe e a cúpula de todas as igrejas" e não está sujeita a tribunal algum.[15]

[O PAPADO E O DOGMA DE MARIA]

Esse documento falso, forjado, supondo ser um documento dos séculos 2 e 3d.C., exaltava o poder dos papas e legitimava o papado desde o apóstolo Pedro. O escritor Robert Hastings Nichols comenta:

> Outro fator de fortalecimento do poder papal foram as famosas ficções ou falsificações conhecidas como "As Falsas Decretais". Elas, (a mais engenhosa fraude jamais conhecida na História), constituíam uma coleção de decisões dos concílios eclesiásticos, decretos e cartas dos papas. Alguns desses documentos eram legítimos; a maioria, porém, era constituída de escritos falsos. Pretendeu-se provar que tais documentos continham o relato dos feitos de todos os bispos de Roma, desde os tempos primitivos do cristianismo até o século 8d.C. As Decretais apresentavam todos esses bispos como tendo exercido autoridade sobre toda a Igreja; e que essa autoridade teria sido sempre universalmente reconhecida [...]. Esses documentos pois, apresentavam os papas como tendo exercido o governo sobre os bispos de toda a parte, o que revela a clara deliberação de engrandecer o papado. Foi assim que se manipulou o apoio histórico do poder papal.[16]

As "pseudodecretais de Isidoro" selaram a pretensão do clero medieval com o sinete da antiguidade e o papado que era recente tornou-se coisa antiga. Esse maior embuste da História antecipou o papado em cinco séculos. O grande historiador francês J. H. Merle D'aubigné diz que os papas não tinham vergonha de se apoiar nessa invenção abjeta. Essa fábula imprudente foi durante séculos o arsenal de Roma.[17]

O escritor David Schaff, citando Lutero quando este se pôs a par do escândalo da fábula isadoriana, escreveu:

> Justos céus! Que escuridão e iniqüidade há em Roma! É para se admirar dos juízos de Deus, que tais mentiras sem autenticidade, grosseiras, deslavadas, prevalecessem por tantos séculos e fossem incorporadas ao Direito canônico e, para que não faltasse nenhum requinte de horror, se transformassem em artigos de fé![18]

Rui Barbosa chamou as *Decretais de Isidoro* de descomunal indignidade, engendradas pelos falsificadores para alimentar as pretensões teocráticas do papa. Disse ainda o ilustre escritor que esses falsos documentos, verdadeiros crimes contra a verdade, tiveram sempre o fim único, notório e inalterável de promover a dominação da Igreja sobre o Estado, a supremacia do papa sobre a Igreja.[19]

O PAPADO, COMO INFALÍVEL, CORROMPEU-SE MORAL E TEOLOGICAMENTE

O papado na Idade Média tornou-se opulento econômica e politicamente. Também corrompeu-se ao extremo. Muitos papas conquistaram esse título por dinheiro;

[O PAPADO E O DOGMA DE MARIA]

outros, considerados legítimos, foram condenados como hereges; e muitos, pela ganância do cargo, foram envenenados por seus rivais. Houve também os nomeados por imperadores e, quando não, havia três ou mais papas se excomungando mutuamente pela disputa da cadeira de Pedro.

O estudioso Laurence A. Justice diz que o grande cisma de 1378-1417 abriu caminho para o rompimento entre as facções italiana e francesa da igreja católica. Nesse conturbado período, as duas partes elegeram um papa. Passou a haver, então, dois papas, um em Roma e outro em Avignon, França. Cada papa pronunciava anátemas e maldições de Deus ao outro. Foi formado um Conselho da Igreja em Pisa, em 1409, para resolver a questão. O conselho votou a deposição dos dois papas e elegeu Alexandre V papa. Mas os papas depostos recusaram o rebaixamento e a Igreja passou a ter três papas. Qual dos papas era infalível, pois trabalharam uns contra os outros?[20]

A infalibilidade papal é uma pretensão descabida e blasfema. Só Deus é infalível. Só Ele é santo, santo, santo. Ele não divide Sua glória com ninguém. Não é debalde que a obra literária clássica *Divina comédia*, de Dante Alighieri, coloca vários papas no inferno.[21]

Rui Barbosa, em sua famosa introdução à obra de Janus, *O papa e o concílio,* escrevendo sobre a decadência espiritual do papado, afirma:

A cúria romana em todos os tempos tem sido uma potência, apenas nominalmente religiosa, e sempre

[A ASCENSÃO E DECADÊNCIA DO PAPADO NA HISTÓRIA]

íntima, essencial e infatigavelmente política. A religião, a autoridade moral não é, há muitos séculos, para o papado, outra cousa que ocasião, arma, pretexto de ingerência na administração temporal do Estado.[22]

Embora historicamente os papas se considerassem infalíveis, esse dogma só veio a ser definido no Concílio Vaticano em 1870, no tempo de Pio IX. O dogma da infalibilidade do papado é a cúpula das suas pretensões, pois no entendimento do catolicismo romano, quando o pontífice romano fala, é Deus quem fala. Essa pretensão descabida, entretanto, não tem a seu favor uma só palavra das Escrituras.

David Schaff, citando Belarmino, um dos maiores escritores católicos, registra:

> O sumo pontífice, quando ensina a toda a igreja, coisas que pertencem à fé, não pode, em circunstância alguma errar [...] nem em questões de moral que ele prescreva e que sejam necessárias à salvação, sejam, em si mesmas, matérias boas ou más.[23]

Os papas, dizendo-se infalíveis em matéria de fé e moral, entraram em contradição várias vezes.[24] Adolfo Robleto diz que a História comprova que houve papas hereges. O papa Libério creu na heresia ariana. O papa Honório I, depois de sua morte, foi denunciado como um herege pelo Sexto Concílio, celebrado no ano 680. O papa Leão II confirmou a condenação e de igual modo o fizeram outros concílios subseqüentes.

O papa Zózimo aprovou o pelagianismo de Celestius. O papa Gregório I declarou que aquele que se faz bispo universal ou que pretende ser é precursor do anticristo, e, no entanto, seu sucessor, Bonifácio III, se fez dar aquele título pelo imperador Focas.[25]

Ademais, os papas estabeleceram vários dogmas frontalmente contrários à Palavra de Deus. Inocêncio III, em 1215, instituiu a inquisição papal. Inocêncio IV, 15 anos depois, legalizou a tortura. Em 1478, Sixto IV sancionou a inquisição espanhola.

A inquisição romana foi organizada por Paulo III e administrada com zelo especial por Paulo IV (1555-1559). Leão X afirmou que a queima de dissidentes religiosos era de expressa revelação do céu.[26] A inquisição era uma organização eclesiástica destinada a indagar, descobrir e punir o que a Igreja considerava heresia ou discordância de seus ensinos.[27] Confissões e retratações eram arrancadas das vítimas mediante a prática de torturas indescritíveis. As penalidades consistiam no confisco de bens, na prisão, no banimento, e na morte.[28] H. H. Muirhead diz que a supressão da "heresia" abrangia não somente a destruição dos "hereges", mas também dos seus escritos.[29]

Os papas, dizendo-se infalíveis, estiveram embriagados com o sangue dos cristãos: 1) Em 1208, exterminaram os cristãos albigenses na França; 2) na Espanha, foram mais de 300 mil cristãos martirizados e banidos; 3) Carlos I (1500-1550) eliminou por ordem do papa cinqüenta mil cristãos alemães; 4) o papa Pio V nos anos 1566 a 1572 exterminou cem mil anabatistas; 5)

[A ASCENSÃO E DECADÊNCIA DO PAPADO NA HISTÓRIA]

o papa Gregório XIII, em 1572, organizou com os jesuítas o extermínio dos protestantes da França. Na noite de São Bartolomeu, em 24 de agosto de 1572, foram mortos 70 mil huguenotes, calvinistas franceses; 6) o monarca alemão Fernando II, instigado pelos jesuítas começou a guerra dos trinta anos, que tirou a vida de 15 milhões de pessoas.

Os papas, dizendo-se infalíveis, declararam heréticas as descobertas científicas. Baseando-se equivocadamente na Escritura, o papa Urbano VIII declarou falso e herético o sistema heliocêntrico de Copérnico. Mais tarde, em 1664, a decisão foi confirmada pelo papa Alexandre VII. O Índex de 1704 continha a proibição de "todas as obras que ensinam o movimento da terra e a imobilidade do sol".[30] Galileu Galilei chegou a ser preso em Florença por defender que a terra gira em torno do sol. Em 1633, ele foi julgado pela inquisição e precisou retratar-se para não ser queimado vivo.[31] Há abundantes provas de que muitas vezes os papas erraram, e isso, anula o dogma da infalibilidade papal.

Os papas, sendo infalíveis, criaram muitos dogmas contrários às Escrituras, ao longo da História, como podemos constatar: Em 431 d.C., foi instituído o culto a Maria. Esta, por intermédio dos dogmas papais passou a ser: Mãe de Deus, Imaculada, Intercessora, Co-Redentora, Rainha do Céu. Em 503 d.C., foi instituído o purgatório. Em 787 d.C., foi instituído o culto às imagens. Em 913 d.C., foi instituída a canonização dos santos. Em 1184 d.C., foi instituída a inquisição, responsável pelo martírio de centenas de milhares de

[O PAPADO E O DOGMA DE MARIA]

cristãos, na Idade Média, na pré-Reforma, bem como no período pós-Reforma. Em 1190 d.C., foi instituída a venda das indulgências. Em 1216 d.C., instituiu-se a confissão auricular. Em 1215 d.C., foi decretado pelo papa o dogma da transubstanciação. Em 1546 d.C., no Concílio de Trento, foram incluídos os livros apócrifos no cânon. Em 1854 d.C., foi instituído o dogma da Imaculada Conceição. Em 1870 d.C., no concílio Vaticano, foi instituído pelo papa Pio IX o dogma da infalibilidade papal. Em 1950 d.C., por decreto do papa, foi firmado o dogma da assunção de Maria, ou seja, Maria ressuscitou dentre os mortos e foi elevada aos céus, à semelhança de Jesus, para ser a rainha do céu.

Os jesuítas, por intermédio da Companhia de Jesus, foram o braço da inquisição. Inácio de Loiola, o fundador do jesuitismo, nasceu em 1491, em uma família nobre, no norte da Espanha. Como Lutero, também entrou para o mosteiro, onde passou por grandes crises religiosas. Diferente de Lutero, encontrou alívio para as suas grandes angústias espirituais na submissão completa à autoridade da Igreja e às suas tradições. H. H. Muirhead, comparando Lutero com Loiola, escreve:

> Lutero achou a paz na submissão completa a Deus; Loiola encontrou a tranqüilidade na submissão completa à Igreja. Lutero achou a verdade na Palavra de Deus, aceitando a tradição somente quando essa estava de acordo com as Escrituras; Loiola encontrou-a só na tradição e na palavra autorizada do papa.

[A ASCENSÃO E DECADÊNCIA DO PAPADO NA HISTÓRIA]

O cristianismo evangélico de Lutero defendia uma consciência orientada pela Bíblia; a religião de Loiola exigia a crucificação da consciência individual em completa obediência à autoridade da Igreja. A finalidade daquele era a liberdade; a deste, a escravidão. Não é de admirar que os resultados dos seus esforços fossem bem diversos.[32]

Rui Barbosa, comentando sobre a influência daninha do jesuitismo, a milícia negra da teocracia romana, uma formidável máquina de guerra contra o Estado e a Igreja de Cristo, diz:

> Na longa trama das falsificações que formam todo o tecido da história papal, nunca se descobriu a mais leve discrepância entre o romanismo e os jesuítas, que ou colaboraram nelas, ou as aprovaram sem reserva. A sua contribuição para a obra da mentira eclesiástica não foi de pouco vulto.[33]

No Brasil, o francês calvinista, Jacques Le Balleur, foi assassinado pelo jesuíta José de Anchieta, no Rio de Janeiro, no dia 9 de fevereiro de 1558.

OS PRÉ-REFORMADORES, OS REFORMADORES E AS CONFISSÕES REFORMADAS NÃO ACEITARAM A INFALIBILIDADE PAPAL

Os pré-reformadores, longe de reconhecerem a legitimidade do papado, consideraram o papa a figura

[O PAPADO E O DOGMA DE MARIA]

do próprio anticristo. O pré-reformador John Wycliff considerou o bispo de Roma não como o vigário de Cristo, mas como o homem do pecado. Outro pré-reformador, John Huss, acusou os doutores da Igreja de colocar o papa em paridade com o Espírito Santo.[34]

Os reformadores, de igual modo, entenderam que o papa não era o vigário de Cristo, ao contrário, era o retrato do próprio homem da iniqüidade. Martinho Lutero dizia que as falsas pretensões do papa concordam tanto com o governo dos apóstolos quanto Lúcifer com Cristo, o inferno com o céu, a noite com o dia.[35] João Calvino entendia que o papa é uma figura do anticristo. William Tyndale chamava o papa de anticristo e o catolicismo romano como a prostituta da Babilônia.[36]

O prefácio da Bíblia King James, em 1611, chama o papa de "o homem do pecado"[37] e a Confissão de Fé de Westminster fala que o papa é o anticristo, o homem do pecado, o filho da perdição. Assim se posicionaram os teólogos de Westminster, no século 17d.C.:

> Não há outro chefe da Igreja senão o Senhor Jesus Cristo, nem pode o papa de Roma ser, em nenhum sentido, cabeça dela, mas é aquele anticristo, aquele homem do pecado e filho da perdição, que a si mesmo se exalta na Igreja, contra Cristo e tudo quanto se chama Deus.

David S. Schaff sintetiza a posição protestante a respeito da pretensão da infalibilidade papal:

[A ascensão e decadência do papado na História]

> Fundados na Escritura, na História e na observação, os protestantes negam que o pontífice romano esteja, por designação do Alto, colocado na função de governador da Igreja e rejeitam-lhe a pretensão de ser o mestre infalível da verdade cristã, considerando tais pretensões como conceito humano, gerado do orgulho ou da ignorância. A monarquia papal é invenção do homem. O dogma da infalibilidade papal desonra as Escrituras e a obra do Espírito Santo, prometido a todos os homens que roguem seu auxílio.[38]

A infalibilidade papal é a base do catolicismo, a sua arma de guerra, o eixo da sua propaganda. Rui Barbosa diz que a pretensão da infalibilidade papal é uma escandalosa deturpação da verdade cristã. Os que buscam vincular a Pedro a soberania do papa começam esquecendo que as decisões da Igreja eram tomadas em concílios e que o primeiro concílio da Igreja nem mesmo foi dirigido por Pedro, mas por Tiago.[39] O catolicismo romano usurpou a autoridade das Escrituras, neutralizou o poder dos concílios e enfeixou todo o poder nas mãos do sumo pontífice. O legislador dos dogmas, o papa, não é o presidente do concílio, mas o substituto dele. Os dogmas não mais emanam das Escrituras, mas do decreto daquele que arroga para si a posição da infalibilidade.

No afã de defender o primado de Pedro e a infalibilidade papal, o catolicismo romano se esforça até mesmo para fazer da igreja de Roma a mãe de todas as igrejas. Quanto a isso, Rui Barbosa comenta:

[O PAPADO E O DOGMA DE MARIA]

Roma nem pela antiguidade, sequer, podia a princípio prevalecer sobre as outras sés. Antecederam-na as de Jerusalém, Éfeso, Antioquia e Corinto. O título de *apostólica*, reservado hoje exclusivamente à daquela cidade, Tertuliano atesta-nos que se aplicava a todas as igrejas, quer instituídas pelos apóstolos, quer ramificações dessas [...] No século 4d.C., os bispos orientais denominavam a igreja de Jerusalém "mãe de todas as igrejas".[40]

O PAPA MUDA DE TÁTICA NO CONCÍLIO VATICANO II

A partir do pontificado do papa João XXIII, especialmente no Concílio Vaticano II, a igreja mudou de tática e assumiu uma posição ecumênica. Os papas João XXIII, Paulo VI, João Paulo I e João Paulo II trabalharam nessa direção. A questão básica não foi uma mudança de convicção da igreja romana, mas uma mudança de tática. Adolfo Robleto faz a seguinte observação a esse respeito:

> A igreja católica de hoje está trocando de tática. A *Roma Semper Eadem* está fazendo reajustes de posições. Tradicionalmente rígida, ostensivamente altiva, injustamente perseguidora, ela, dia após dia, está afrouxando um pouco, está admitindo alguns dos seus erros, está acomodando vários de seus métodos e está cedendo em alguns pontos de sua política. Desta forma, a igreja romana entrou na corrente do ecumenismo.[41]

[A ASCENSÃO E DECADÊNCIA DO PAPADO NA HISTÓRIA]

O pontificado de Paulo VI (1963-1978) teve a característica de adequar a vida da Igreja às exigências dos "novos tempos", estabelecendo um diálogo com os não-católicos do Terceiro Mundo e as nações da área marxista.[42]

O papa João Paulo I teve um pontificado muito breve, de apenas 33 dias. Nesse breve período de tempo, porém, começou a revolucionar costumes muito antigos, imprimindo um novo estilo ao papado e libertando a igreja do fausto supérfluo do cerimonial.[43]

O papa João Paulo II (1978-2005), manteve-se na mesma linha, buscando diálogo com outras religiões, sendo um verdadeiro paladino da causa ecumênica. Dialogou com os protestantes, pediu perdão aos judeus e manteve contato com a religião islâmica.

Em vigência, porém, está a constituição dogmática *LUMEN GENTIUM*, do Concílio Ecumênico Vaticano II, promulgado em 21 de novembro de 1964: "Pois o romano pontífice, em virtude do seu múnus de vigário de Cristo e pastor de toda a igreja, possui na igreja poder pleno, supremo e universal". Citando, ainda, a referida constituição dogmática, Anibal Pereira Reis, escreve: "O romano pontífice como sucessor de Pedro é o perpétuo e visível princípio e fundamento da unidade quer dos bispos quer da multidão dos fiéis".[44]

É absolutamente claro que a igreja romana não mudou. Sua proposta ecumênica não passa por uma revisão doutrinária nem por uma confissão de arrependimento de suas posições arbitrárias, ao contrário, é uma tentativa de arrastar os protestantes para debaixo

[O PAPADO E O DOGMA DE MARIA]

da autoridade do papa como o sumo pontífice, o cabeça visível da igreja.

Como dissemos, o atual papa, Joseph Ratzinger, é de estofo conservador, nem mesmo admite ser as igrejas protestantes co-irmãs. Para ele, todas as igrejas que não aceitam a autoridade do papa são deficitárias.[45] O teólogo brasileiro, Leonardo Boff, expoente da Teologia da Libertação, punido em 1984 por Ratzinger, então prefeito da Congregação para a Doutrina da Fé, antiga Inquisição, impondo-lhe o silêncio obsequioso, deposição de cátedra e proibição de escrever e falar, faz o seguinte comentário depois da sua eleição como papa:

> Recebi com perplexidade a eleição de Ratzinger como papa. Uma igreja conservadora chamou o guardião do conservadorismo para o papado. Com João Paulo II, muitos cristãos emigraram da Igreja porque não a sentiam mais como lar espiritual. Tememos que esse inverno eclesial continue, ainda mais rigoroso.[46]

AS ENCÍCLICAS E BULAS PAPAIS HOJE JÁ NÃO SÃO MAIS LEVADAS A SÉRIO PELOS PRÓPRIOS FIÉIS CATÓLICOS

O catolicismo romano está perdendo seus fiéis a cada ano. Na Europa, as igrejas estão vazias. Na América Latina, o catolicismo romano perde fiéis aos milhares, a cada ano.

[A ASCENSÃO E DECADÊNCIA DO PAPADO NA HISTÓRIA]

O povo que se diz católico não obedece as bulas e encíclicas papais, daquele a quem consideram infalível.

Não obstante o fato de que nos últimos anos Roma teve papas respeitados pela sua firme posição moral e esforço nas causas políticas e sociais, o catolicismo romano não pode ser considerado uma legítima vertente do cristianismo bíblico e apostólico.

NOTAS

1 Rui Barbosa. *O papa e o concílio*. Terceira Edição. Elos. Rio de Janeiro, RJ, p. 24.

2 Justo L. González. *A era das trevas*. Vol. 3. Edições Vida Nova. São Paulo, SP, 1978, p. 62.

3 J. H. Merle D'aubigné. *História da Reforma do século XVI*. Vol. 1. Casa Editora Presbiteriana. São Paulo, SP, p. 24.

4 David S. Schaff. *Nossa crença e a de nossos pais*, p. 241.

5 David S. Schaff. *Nossa crença e a de nossos pais*, p. 241.

6 David S. Schaff. *Nossa crença e a de nossos pais*, p. 239.

7 J. H. Merle D'aubigné. *História da Reforma do século XVI*. Vol. 1. Casa Editora Presbiteriana. São Paulo, p. 23.

8 Juan Calvino. *Institución de la religión cristiana*. Vol. 2, 1967, p. 898.

9 Loraine Boetner. *Catolicismo romano*, p. 106.

10 Loraine Boetner. *Catolicismo romano*, p. 107.

11 Williston Walter. *História da Igreja cristã*. Vol. 1. ASTE. São Paulo, SP, 1967, p. 297.

[O PAPADO E O DOGMA DE MARIA]

[12] Anibal Pereira Reis. *Pedro nunca foi papa! Nem o papa é vigário de Cristo*. Edições Caminhos de Damasco. São Paulo, SP, 1975, p. 22.

[13] David S. Schaff. *Nossa crença e a de nossos pais*, p. 242.

[14] David S. Schaff. *Nossa crença e a de nossos pais*, p. 242-3.

[15] David S. Schaff. *Nossa crença e a de nossos pais*, p. 243.

[16] Robert Hastings Nichols. *História da Igreja cristã*, p. 66-7.

[17] J. H. Merle D'aubigné. *História da Reforma do século XVI*. Vol. 1. Casa Editora Presbiteriana. São Paulo, SP, p. 30.

[18] David S. Schaff. *Nossa crença e a de nossos pais*, p. 243.

[19] Rui Barbosa. *O papa e o concílio*. Terceira Edição. Elos. Rio de Janeiro, RJ, p. 27.

[20] Laurence A. Justice. *O papado e o catolicismo* em *O moderador* Ano IV. Número 31, 2005, p. 10.

[21] Paulo Cristiano. *Revista Defesa de Fé*. Ano 9. Número 70, julho de 2004, p. 56.

[22] Rui Barbosa. *O papa e o concílio*. Terceira Edição. Elos. Rio de Janeiro, RJ, p. 22-3.

[23] David S. Schaff. *Nossa crença e a de nossos pais*, p. 251.

[24] Ernesto Luiz de Oliveira. *Roma, a Igreja e o anticristo*, p. 101-17.

[25] Adolfo Robleto. *O catolicismo romano*. Juerp. Rio de Janeiro, RJ, 1977, p. 25.

[26] David S. Schaff. *Nossa crença e a de nossos pais*, p. 262-3.

[27] Robert Hartings Nichols. *História da Igreja cristã*, p. 106.

[28] H. H. Muirhead. *O cristianismo através dos séculos*. Vol. 2. Casa Publicadora Batista. Rio de Janeiro, RJ, 1963, p. 282.

[29] H. H. Muirhead. *O cristianismo através dos séculos*. Vol. 2, p. 288.

[30] David S. Schaff. *Nossa crença e a de nossos pais*, p. 266.

[A ASCENSÃO E DECADÊNCIA DO PAPADO NA HISTÓRIA]

[31] David S. Schaff. *Nossa crença e a de nossos pais*, p. 265.

[32] H. H. Muirhead. *O cristianismo através dos séculos*. Vol. 2. Casa Publicadora Batista. Rio de Janeiro, RJ, 1963, p. 273.

[33] Rui Barbosa. *O papa e o concílio*. Terceira Edição. Elos, Rio de Janeiro, RJ, p. 46.

[34] David S. Schaff. *Nossa crença e a de nossos pais*, p. 244.

[35] David S. Schaff. *Nossa crença e a de nossos pais*, p. 244.

[36] David S. Schaff. *Nossa crença e a de nossos pais*, p. 244.

[37] David S. Schaff. *Nossa crença e a de nossos pais*, p. 244.

[38] David S. Schaff. *Nossa crença e a de nossos pais*, p. 269.

[39] Rui Barbosa. *O papa e o concílio*. Terceira Edição. Elos, Rio de Janeiro, RJ, p. 53-4.

[40] Rui Barbosa. *O papa e o concílio*. Terceira Edição. Elos, Rio de Janeiro, RJ, p. 55.

[41] Adolfo Robleto. *O catolicismo romano*. Juerp. Rio de Janeiro, RJ, 1977, p. 13.

[42] Aquiles Pintonello. *Os papas: síntese histórica, curiosidades e pequenos fatos*, p. 166.

[43] Aquiles Pintonello. *Os papas: síntese histórica, curiosidades e pequenos fatos*, p. 169.

[44] Anibal Pereira Reis. *Pedro nunca foi papa! Nem o papa é vigário de Cristo*, p. 193.

[45] Revista *Isto É*. Número 1854, de 27 de abril de 2005, p. 44.

[46] Revista *Isto É*. Número 1854, de 27 de abril de 2005, p. 48.

Capítulo Quatro

[CONCLUSÃO]

Concluindo, queremos destacar três fatos importantes:

- Em primeiro lugar, *a verdade sempre traz benefícios*. As nações que cresceram sugando o leite da verdade, colonizadas pelo protestantismo, foram nações ricas, fortes, prósperas, enquanto as que cresceram sob o bordão do papa, foram nações pobres e atrasadas. A Reforma não foi um desvio da igreja romana, mas uma volta ao cristianismo apostólico.

  Hoje, com o advento da pós-modernidade, podemos afirmar que vivemos no melhor dos tempos

[O PAPADO E O DOGMA DE MARIA]

e no pior dos tempos. Vivemos no tempo dos avanços quase milagrosos da ciência, da comunicação virtual, da aldeia global. Vivemos, também, no tempo em que as pessoas não querem pensar, mas sentir. A apologética está fora de moda. As pessoas parecem não crer numa verdade objetiva. Elas buscam uma verdade subjetiva. Desta maneira, ainda que haja provas reais da insustentabilidade do papado, elas sentem emoção e aplaudem o surgimento de um novo monarca na igreja.

- Em segundo lugar, *o ecumenismo é uma armadilha para neutralizar o avanço evangelístico da Igreja.* A proposta ecumênica encantou os evangélicos ingênuos e paralisou o ímpeto evangelístico de algumas igrejas protestantes. Todas as igrejas que ingenuamente deram as mãos ao catolicismo romano bandearam para o liberalismo teológico e estão trôpegas e algumas já demonstram visíveis sinais de morte.

- Em terceiro lugar, *a apologética não pode ser um fim em si mesma.* A Igreja precisa conhecer a verdade, viver a verdade e proclamar a verdade. A igreja de Éfeso na defesa da fé perdeu o amor. Não podemos entrar no campo da apologética sem estarmos firmados na verdade, sem estarmos revestidos de amor. Devemos, outrossim, entender que a omissão da verdade, envolvida sob o manto do respeito ao pensamento alheio, é um falso amor. O maior gesto de amor pelo ser

[CONCLUSÃO]

humano, seja ele adepto do catolicismo romano ou membro de qualquer outro segmento religioso é anunciar-lhe as boas novas do evangelho. Devemos amar a todos, indistintamente, e em obediência ao mandamento de Cristo, fazer discípulos de todas as nações. Todos aqueles que crerem no Senhor Jesus e só esses farão parte da verdadeira Igreja, o corpo vivo de Cristo.

Segunda Parte

O DOGMA DE MARIA

Capítulo Cinco

MARIA, A BEM-AVENTURADA ENTRE AS MULHERES
(LUCAS 1.26-56)

Maria, a mãe de Jesus, é uma das figuras mais importantes da História, talvez a pessoa mais polêmica da história da Igreja. O estudioso Douglas Connelly diz que Maria é muito mais do que um mosaico colorido na parede de uma igreja. Ela nos leva a uma vida de vulnerabilidade humilde e lealdade corajosa para com o Senhor nosso Deus.[1]

O estudioso Giovanni Miegge diz que Maria ocupa um lugar exagerado no pensamento católico. Os congressos marianos, a consagração de nações inteiras a Maria e as peregrinações de Maria são do conhecimento de todos.[2] O século 20d.C. deu mais ênfase à devoção a Maria do que os grandes séculos marianos da Idade Média. A principal razão da igreja romana nessa ênfase é recuperar as massas e despertar nos fiéis seus sentimentos religiosos.[3]

Adolfo Robleto corretamente afirma que a Maria dos evangelhos é muito diferente da Maria do catolicismo romano, que a desfigurou e desumanizou. Em vez de honrá-la, como pretendem, a envergonharam até o indizível, ao render-lhe um culto que chega a ser uma crassa idolatria com marcos de superstição. O marianismo é de origem estritamente pagã; é o feminismo divinizado de certas religiões antigas, que se introduziu na religião cristã.[4]

Desta forma, algumas pessoas promovem Maria a uma posição que Deus nunca a colocou; enquanto outras deixam de dar a ela a honra que Deus lhe conferiu. Nas páginas a seguir queremos fazer justiça a Maria. A verdade, e só ela, traz honra. A única maneira de honrarmos essa mulher de qualidades superlativas e maiúsculas é examinar as Escrituras e observar suas virtudes. Imitar Maria, eis o grande desafio para os cristãos contemporâneos! Mas, para imitá-la, precisamos conhecê-la, e para a conhecermos, precisamos ir à fonte certa, a Palavra de Deus.

A única maneira de honrar Maria é examinar o que a Bíblia diz a seu respeito e destacar esses pontos para o nosso ensino e exemplo. Acrescentar o que não está na Bíblia, além de ofender a Deus, desonra Maria, porque agride sua fé e conspira contra suas convicções. O culto prestado a Maria é uma grande injustiça para com a própria Maria, pois a transforma em motivo de

[MARIA, A BEM-AVENTURADA ENTRE AS MULHERES]

transgressão dos mandamentos de Deus.[5] O escritor Estêvão Testa diz que, se Maria estivesse entre os católicos romanos, seria a primeira a protestar contra esses usos e práticas, que a colocam onde ela jamais esteve nem quis estar.[6]

Precisamos entender, em primeiro lugar, o que a Bíblia não diz sobre Maria.

NOTAS

[1] Douglas Connelly. *Maria, um modelo bíblico de espiritualidade.* Editora Ultimato. Viçosa, MG, 2002, p. 13.

[2] Giovanni Miegge. *A virgem Maria.* Casa Editora Presbiteriana. São Paulo, SP, 1962, p. 12.

[3] Giovanni Miegge. *A virgem Maria*, p. 13.

[4] Adolfo Robleto. *O catolicismo romano*, p. 52.

[5] Loraine Boetner. *Catolicismo romano*, p. 124.

[6] Estêvão L. Testa. *A religião do papa e as Sagradas Escrituras.* Varginha, MG, 1951, p. 11.

Capítulo Seis

[O QUE A BÍBLIA NÃO ENSINA SOBRE MARIA]

MARIA NÃO É A MÃE DE DEUS

No paganismo, a veneração de mulheres-deusas já era uma prática, mesmo antes de Maria nascer. As culturas pagãs adoravam várias deusas, como *Istar*, a mãe virgem da Assíria; *Astarde,* a rainha do céu da Fenícia e Canaã; *Ísis,* a rainha do céu do Egito; *Cibele,* a mãe de todos os benditos de Anatólia e *Artemis,* a divina virgem da Grécia.[1]

Com o advento da liberdade religiosa pelo edito de Milão, em 313 d.C., afluiu à Igreja uma grande leva de pessoas não convertidas, oriundas do paganismo, trazendo em sua bagagem crendices contrárias à Palavra de Deus. Não tardou para que o culto a Maria fosse introduzido na Igreja.

[O PAPADO E O DOGMA DE MARIA]

A frase "Mãe de Deus", *theotokos,* originou-se no Concílio de Éfeso, no ano de 431 d.C. Em Éfeso, era adorada a deusa Diana, *A Grande Mãe*, a quem havia sido dedicado um rico templo, uma das sete maravilhas do mundo antigo. A frase "Mãe de Deus" aparece também no Credo de Calcedônia, que foi adotado pelo concílio que se reuniu naquela cidade em 451 d.C., e, quanto à pessoa de Cristo, declarou que Ele era "nascido da virgem Maria, a mãe de Deus, de acordo com a humanidade".[2] Desta maneira, o propósito do Concílio de Éfeso não era glorificar Maria, mas enfatizar a divindade de Cristo, refutando, assim, a heresia dos nestorianos, que negavam a divindade de Cristo.[3]

Maria é mãe de Jesus, e Jesus é Deus, mas ela não é mãe de Deus, isso é absolutamente impossível e ilógico. Um filho não pode vir antes da sua mãe. Se Maria é mãe de Deus, logo, ela veio primeiro que Deus. Por conseguinte, Deus não pode ser eterno. Precisamos compreender que Jesus tinha duas naturezas distintas: divina e humana. Como Deus, Ele não teve mãe; e como homem, não teve pai. Como Deus, Ele sempre existiu, é o Pai da eternidade, o Criador de todas as coisas. Como Deus, Jesus é preexistente a todas as coisas, é a origem de todas as coisas, Ele é a causa não causada. O estudioso Douglas Connelly afirma corretamente:

> Jesus não começou a existir no ventre de Maria; ele se tornou carne em seu ventre [...] Deus Filho se tornou humano por meio de uma concepção divina na pessoa

de Maria [...] O Deus infinito, o Criador do universo, tornou-se um pequeno embrião humano no ventre de Maria. Foi assim que Jesus entrou no tempo e no espaço. Ele se identificou irreversivelmente com as suas próprias criaturas e com a sua própria criação.[4]

É importante observar que Isabel não chamou Maria "mãe de Deus", mas "a mãe do meu salvador" (Lc 1.43). Isabel estava plena do Espírito Santo e, por isso, jamais o divino inspirador atribuiria a um ser humano a posição impossível de ter precedido e gerado a Deus, o único ser eternamente existente, o Criador de todas as coisas visíveis e invisíveis.

Jesus é o Verbo eterno (Jo 1.1). Antes que Abraão existisse, Ele já existia (Jo 8.58). Como o filho não pode vir primeiro que a mãe, logo, Maria não é mãe de Deus. Se Maria é mãe de Deus, José é padrasto de Deus; Tiago, José, Simão e Judas são irmãos de Deus; Isabel é tia de Deus; João Batista é primo de Deus, e Eli é avô de Deus.[5]

MARIA NÃO É IMACULADA

A tese de que Maria não herdou o pecado original, e tampouco cometeu nenhum pecado em toda a sua vida, não tem nenhum amparo nas Escrituras. Esse dogma da Imaculada Conceição foi promulgado pelo papa Pio IX, em 8 de dezembro de 1854.[6] Assim afirma o dogma papal:

[O PAPADO E O DOGMA DE MARIA]

Declaramos, anunciamos e definimos que a bem-aventurada virgem Maria desde o primeiro momento de sua concepção, foi preservada imaculada de toda mancha do pecado original, por graça singular e privilégio do Deus onipotente, em virtude dos méritos de Jesus Cristo, o Salvador da humanidade, e que esta doutrina foi revelada por Deus e, portanto, deve ser firmemente e constantemente crida por todos os fiéis.[7]

Naquela encíclica, o papa Pio IX afirmou que:

Maria se elevou acima dos coros de anjos, até o trono de Deus, e esmagou sob os pés, por suas virtudes, a cabeça da serpente antiga, estando nossa salvação fundada sobre a santa virgem, uma vez que o Senhor nela depositou a plenitude de todo o bem, de modo que, se em nós houver qualquer esperança, qualquer graça, qualquer salvação, devemos encontrá-la exclusivamente nela.[8]

A Bíblia, porém, ensina que todos pecaram (Rm 3.23). Somos concebidos em pecado (Sl 51.5) Todos herdamos o pecado de nossos pais (Rm 5.12). Não foi diferente com Maria, pois ela era um membro da raça humana. Então, por que Jesus nasceu de Maria e nasceu sem o pecado original? Porque Jesus não nasceu de um ato sexual entre Maria e José, mas o ente que nela foi gerado, o foi pelo Espírito Santo (Lc 1.35). Jesus é semente da mulher, e não semente do homem (Gn 3.15).

[O que a Bíblia não ensina sobre Maria]

Maria se reconhecia pecadora e chamou Deus de seu salvador (Lc 1.46,47). Ela ofereceu um sacrifício pelo pecado, quando foi levar Jesus ao templo, aos oito dias de vida (Lc 2.22-24 *cf.* Lv 12.6-8). Cumpridos os dias da sua purificação, Maria e José, por serem pobres, ofereceram como sacrifício um par de rolas ou dois pombinhos. Esse sacrifício era uma oferta pelo pecado.

Contrariando o claro e explícito ensino bíblico, o papa Pio IX, na bula *ineffabilis Deus*, disse que o dogma da impecabilidade de Maria fora dado "sob inspiração do Espírito Santo" e tinha sido "revelado por Deus". David Schaff registra as palavras do papa Pio IX:

> Depois de ter implorado a proteção de toda a corte celestial e após ter invocado, de joelhos, o Espírito Santo, o Paráclito, sob sua inspiração e para honra e glória da Trindade indivisível, pronunciamos, declaramos e definimos, pela autoridade de nosso Senhor Jesus Cristo e dos bem-aventurados apóstolos Pedro e Paulo, e por nossa própria autoridade, que a doutrina que refere ter sido a bendita virgem Maria, desde o primeiro instante de sua concepção, e por uma graça e privilégio especiais do Todo-Poderoso Deus, e em atenção aos méritos de Jesus Cristo, o salvador da humanidade, preservada livre de toda a mácula de pecado original, foi revelada por Deus e deve ser, portanto, crida e firmemente sustentada por todos os fiéis.[9]

[O PAPADO E O DOGMA DE MARIA]

Em 1897, quarenta anos depois de promulgado o referido dogma, o papa Leão XIII condenou todos os escritos que de qualquer modo se opusessem ao culto de Maria.[10]

MARIA NÃO É MEDIADORA OU INTERCESSORA

Os apóstolos jamais oraram a Maria. Pedro, Paulo, João e Tiago não mencionam o seu nome uma única vez nas epístolas que escreveram às igrejas. João cuidou dela até a morte, mas ele não a mencionou em nenhuma das suas três epístolas ou no livro do Apocalipse. Esse silêncio das Escrituras é uma repreensão àqueles que a invocam em suas orações.[11]

Os católicos romanos entendem que Cristo veio a nós através de Maria e nós devemos ir a Cristo através de Maria. Loraine Boetner diz que no catolicismo romano, Maria torna-se o diretor executivo da divindade, aquela por intermédio da qual as orações das pessoas entram em vigor.[12]

O bispo Alphonse de Ligouri, um dos maiores expoentes do catolicismo romano, escreveu *The glories of Mary* (*As glórias de Maria*). Nesse livro, ele faz afirmações sobre Maria que se chocam frontalmente com o ensino das Escrituras. Veja:

> Maria é verdadeiramente uma mediadora (mediatriz) de paz entre os pecadores e Deus. Os pecadores recebem perdão por intermédio de Maria somente

[O que a Bíblia não ensina sobre Maria]

(p. 82,83). A Santa Igreja ordena um culto peculiar a Maria (p. 130). Muitas coisas são pedidas a Deus, mas não recebidas; são pedidas a Maria e são obtidas (p. 127,141,143). Maria é chamada a porta do céu porque ninguém pode entrar nesse bendito reino sem passar por ela (p. 160). Com freqüência obtemos muito mais rapidamente o que pedimos invocando o nome de Maria, do que invocando o de Jesus (p. 254,257).[13]

O papa Leão XIII considerava Maria a nossa reconciliadora com Deus. O Catecismo de Pio X chama Maria de "nossa advogada". A eficácia da intercessão de Maria é proclamada pelo Catecismo Tridentino, como sendo tão segura, que é "mui perverso pô-lo em dúvida. Ela apazigua a ira de Deus e concede grande bênçãos de Deus, tanto para esta vida quanto para a vida futura". Leão XIII, em 1891, reafirmou que assim como o acesso ao Pai só se faz pelo Filho, assim dificilmente será possível que alguém tenha acesso a Cristo, a não ser por intermédio de Maria.[14]

A insofismável verdade bíblica é que somente Deus pode ouvir e atender às nossas orações. Somente Ele é digno de receber culto. O culto a Maria e as orações que são feitas a ela estão em desacordo com o ensino da Bíblia. Maria precisaria ter os atributos exclusivos da divindade, como onisciência, onipotência e onipresença para poder ouvir as orações, de todas as pessoas, em todos os lugares, ao mesmo tempo e interceder por elas. É importante destacar que nem Maria, nem Pedro, nem Paulo, nem mesmo os anjos

[101]

[O PAPADO E O DOGMA DE MARIA]

jamais receberam adoração. Somente Deus é digno de ser adorado. A veneração a Maria como mãe de Deus, rainha do céu, mãe da Igreja está em total desacordo com o ensino da Palavra de Deus.

Essa idéia procedeu de um entendimento equivocado na Idade Média, de que Jesus era um juiz muito severo[15] e que Maria teria um coração mais terno e compreensivo.[16] Assim, as pessoas concluíram que chegar a Deus por intermédio de Maria seria mais fácil do que por intermédio de Jesus. Mas essa visão conspira contra a perfeição absoluta de Deus. A doutrina proclamada pelo catolicismo romano "Tudo por Jesus, nada sem Maria" choca-se frontalmente com o ensino da Bíblia. Entretanto, no catolicismo romano, provavelmente, dirigem-se dez vezes mais orações a Maria do que a Cristo. O ritual de oração mais popular entre os católicos romanos, *o rosário*, tem dez orações a Maria para cada uma dirigida a Deus.[17]

A Bíblia, reiteradas vezes, afirma de forma clara e inconfundível que Jesus é o único mediador entre Deus e os homens. Veja o testemunho do apóstolo Paulo: "Porquanto há um só Deus e um só mediador entre Deus e os homens, Cristo Jesus, homem" (1Tm 2.5). O próprio Jesus afirmou: "Eu sou o caminho, e a verdade, e a vida; ninguém vem ao Pai senão por mim" (Jo 14.6). O apóstolo João exorta: "Filhinhos meus, estas cousas vos escrevo para que não pequeis. Se todavia, alguém pecar, temos Advogado junto ao Pai, Jesus Cristo, o justo" (1Jo 2.1). O apóstolo Paulo ainda

[O QUE A BÍBLIA NÃO ENSINA SOBRE MARIA]

diz: "...É Cristo Jesus quem morreu, ou antes, quem ressuscitou, o qual está à direita de Deus, e também intercede por nós" (Rm 8.34). O autor aos Hebreus, de igual forma, revela o ministério mediatorial exclusivo de Cristo: "Ele (Cristo) é o Mediador da nova aliança" (Hb 9.15). E ainda diz: "Por isso também pode salvar totalmente os que por ele se chegam a Deus, vivendo sempre para interceder por eles" (Hb 7.25). A última palavra de Maria registrada na Bíblia é: "Fazei tudo o que ele vos disser" (Jo 2.5).

A Bíblia é clara em afirmar que nossas orações precisam ser feitas a Deus em nome de Jesus. Nosso Salvador disse:

> Em verdade, em verdade vos digo, se pedirdes alguma cousa ao Pai, ele vo-la concederá em meu nome [...] E tudo quando pedirdes em meu nome, isso farei, a fim de que o Pai seja glorificado no Filho. Se me pedirdes alguma cousa em meu nome, eu o farei. Se me amais, guardareis os meus mandamentos.[18]

Os protestantes não oram a Maria. Eles adoram com Maria o Filho de Deus, mas não a adoram, nem adoram por intermédio dela, como se ela fosse uma mediadora. O próprio Jesus foi específico e mui claro, quando disse: "...está escrito: Ao Senhor teu Deus adorarás, e só a ele darás culto" (Mt 4.10). Respeitamos Maria como uma mulher bem-aventurada entre as mulheres, mas não a colocamos onde Deus nunca a pôs, pois isso em vez de honrá-la, certamente a ofende,

[103]

[O PAPADO E O DOGMA DE MARIA]

visto que está na contramão de suas convicções como mulher crente e piedosa que era.

MARIA NÃO É CO-REDENTORA

O estudioso Giovanni Liegge, citando o teólogo mariano Roschini, autor da volumosa obra *Mariologia*, comenta sobre o pensamento católico da participação de Maria na redenção. Segundo esse conceituado teólogo católico, a cooperação ativa, imediata e direta de Maria na redenção exprime-se em dois momentos culminantes: na encarnação e na crucificação.

- Em primeiro lugar, segundo Roschini, Lucas ensina que Maria, com seu livre assentimento, colaborou na encarnação redentora (Lc 1.26-29). Maria foi a mediadora entre o plano redentor de Deus e a necessidade de redenção da humanidade. Foi sua permissão que permitiu a Deus salvar o homem.
- Em segundo lugar, de acordo com Roschini, Maria tornou-se co-redentora por meio de sua presença aos pés da cruz (Jo 19.25-27). Segundo o referido teólogo católico, Maria não estava ali apenas para consolar Jesus. Mas, impelida pelo dever, para imolar seu Filho pela salvação do mundo, na medida em que isso dependeu dela.[19]

[O QUE A BÍBLIA NÃO ENSINA SOBRE MARIA]

Certamente, a interpretação que Roschini faz dos textos bíblicos está completamente equivocada. Não foi Maria quem entregou Jesus para morrer pelos nossos pecados, mas o Pai. A Palavra de Deus é insofismavelmente clara: "Porque Deus amou ao mundo de tal maneira que deu o seu Filho unigênito, para que todo o que nele crê não pereça, mas tenha a vida eterna" (Jo 3.16). O apóstolo Paulo não deixa dúvida quando afirma: "Mas Deus prova o seu próprio amor para conosco pelo fato de ter Cristo morrido por nós, sendo nós ainda pecadores" (Rm 5.8).

A redenção é uma obra exclusiva de Deus por meio do sacrifício vicário de Jesus Cristo. Ninguém pode acrescentar nada ao que Deus fez por intermédio do Seu Filho. O sacrifício de Cristo foi completo, total, cabal e suficiente. A mariolatria é uma espécie de ficção religiosa indigna e inglória. O que a igreja romana pretende fazer é algo inócuo, porque já foi feito perfeito e acabado na cruz do Calvário, para nunca mais repetir.[20]

Não obstante o claro ensino bíblico de que devemos adorar só a Deus, o culto prestado a Maria continua sendo o mais popular na liturgia do catolicismo romano. Santuários nacionais, como Lourdes na França, Fátima em Portugal, Nossa Senhora de Guadalupe no México, Nossa Senhora Aparecida no Brasil revelam esse fato inquestionável. Milhares de igrejas, escolas, hospitais, conventos e santuários são dedicados à glória de Maria.[21]

Não há qualquer menção nas Escrituras de culto prestado a Maria. Os magos que vieram do Oriente

[O PAPADO E O DOGMA DE MARIA]

adoraram o menino Jesus e não a Maria (Mt 2.11). Os títulos que são atribuídos a Maria revelam que o catolicismo romano a colocou na posição de divindade. Chamam-na de mãe de Deus, rainha dos apóstolos, rainha do céu, rainha dos anjos, a porta do paraíso, a porta do céu, nossa vida, mãe das graças, mãe de misericórdia, mediadora, co-redentora.

A Bíblia, a infalível Palavra de Deus, porém, é clara em afirmar que só Jesus Cristo pode salvar. O apóstolo Pedro, de forma insofismável afirma: "E não há salvação em nenhum outro; porque abaixo do céu não existe nenhum outro nome, dado entre os homens, pelo qual importa que sejamos salvos" (At 4.12).

MARIA NÃO PERMANECEU VIRGEM, ELA TEVE OUTROS FILHOS

A Bíblia não afirma a virgindade perpétua de Maria. Há fortes evidências bíblicas que provam esse fato:

- Em primeiro lugar, o evangelista Mateus, falando de José, esposo de Maria, diz: "Contudo, não a conheceu, enquanto ela não deu à luz um filho, a quem pôs o nome de Jesus" (Mt 1.25). O verbo *conhecer* nesse contexto bíblico traz a idéia de relacionamento sexual (Gn 4.1). A lógica do texto é inconfundível. José não a conheceu enquanto Maria não deu à luz a Jesus, porém, depois que Jesus nasceu, José e Maria tiveram um casamento normal, um relacionamento íntimo

[O QUE A BÍBLIA NÃO ENSINA SOBRE MARIA]

normal. Estranho seria se eles se privassem de um direito legítimo, puro e santo no matrimônio, que é o relacionamento sexual.

O relacionamento sexual de Maria com José não era desonra para ela, visto que a Bíblia diz: "Digno de honra entre todos seja o matrimônio, bem como o leito sem mácula..." (Hb 13.4). A palavra *leito* na língua grega significa coito, relacionamento sexual. Estando Maria casada com José sem ter relação com ele, isso sim, seria motivo de transgressão, visto que a Bíblia diz que marido e mulher se tornam uma só carne (Gn 2.24). Na mesma linha de pensamento, o apóstolo Paulo diz que a ausência de sexo no casamento é desobediência a um mandamento divino: "Não vos priveis um ao outro, salvo talvez por mútuo consentimento, por algum tempo, para vos dedicardes à oração e, novamente, vos ajuntardes, para que Satanás não vos tente por causa da incontinência" (1Co 7.5).

- Em segundo lugar, Lucas diz que Maria deu à luz o seu filho primogênito (Lc 2.7). A palavra primogênito é auto-explicativa, trata-se do primeiro filho, entre outros. Logo, Jesus não era o filho único ou unigênito de Maria, mas o primogênito, ou seja, o primeiro de outros.

- Em terceiro lugar, a Bíblia é clara em informar que Maria teve outros filhos. Os três evangelhos sinóticos, bem como o livro de Atos registram esse importante fato de que Maria teve outros

[O PAPADO E O DOGMA DE MARIA]

filhos (Mt 13.54-56; Mc 6.3; Sl 69.8; Lc 2.7; Mt 1.24,25; At 1.14). A Bíblia, inclusive, faz questão de citar o nome dos outros filhos de Maria, irmãos de Jesus: "Não é este o carpinteiro, filho de Maria, irmão de Tiago, José, Judas e Simão? E não vivem aqui entre nós suas irmãs? E escandalizavam-se nele" (Mc 6.3).

Há provas suficientes nas Escrituras de que Maria teve outros filhos. Isso obstaculiza o dogma da virgindade perpétua de Maria. Na verdade, essa malfadada defesa romanista está apoiada numa base equivocada. A idéia é que se Maria teve relacionamento sexual com seu marido, ela cometeu pecado e aí, a tese da imaculada conceição cairia por terra. A Palavra de Deus é clara em afirmar que o sexo no casamento não é pecado. Deus o ordenou antes da Queda (Gn 1.28). Maria não pecou ao relacionar-se sexualmente com seu marido. Ela não pecou ao ter outros filhos.

Alguns intérpretes, na ânsia de buscar uma saída para essa questão, dizem que os irmãos de Jesus eram primos. Mas a palavra grega usada para descrever os irmãos de Jesus é *adelphos* (irmão) e não *anepsios* (primo).[22]

MARIA NÃO FOI ELEVADA AO CÉU

No dia 1º. de novembro de 1950, o papa Pio XII, chamado de *papa mariano*, promulgou o dogma de que o corpo de Maria ressuscitou da sepultura logo

[O que a Bíblia não ensina sobre Maria]

depois que ela morreu, que o seu corpo e alma se reuniram e, ela foi elevada e entronizada como rainha do céu, recebendo um trono à direita de seu Filho.[23]

De acordo com a tradição, a assunção de Maria foi assim:

> No terceiro dia depois da morte de Maria, quando os apóstolos se reuniram ao redor de sua sepultura, eles a encontraram vazia. O sagrado corpo fora levado para o paraíso celestial. O próprio Jesus veio para levá-la até lá; toda a corte dos céus veio para receber com hinos de triunfo a Mãe do divino Senhor. Que coro de exultação! Ouçam como eles clamam: "Levantai-vos as vossas portas, ó príncipes, levantai-vos, ó portas eternas, para que a rainha da glória possa entrar".[24]

O que nos espanta é o fato de que não existe nenhuma prova bíblica para sustentar esse dogma. Ele foi promulgado pelo papa ao arrepio de qualquer evidência bíblica ou histórica. Para o catolicismo romano, entretanto, duvidar ou negar essa doutrina é apostatar totalmente da divina fé católica.

O culto a Maria é hoje a mola mestra da liturgia católica. Ademais, as visões e aparições de Maria continuam a atrair multidões, que esperam vê-la ou receber uma cura milagrosa, ou mesmo alguma mensagem para a sua vida. Os estudiosos calculam que, nesses dois mil anos de história cristã, foram relatadas mais de vinte mil aparições de Maria, sendo que só no século passado, ocorreram cerca de quatrocentos casos.[25]

[O PAPADO E O DOGMA DE MARIA]

NOTAS

[1] Jorge Linhares e Roosevelt Silveira. *A mãe de Jesus.* Editora Getsêmani. Belo Horizonte, MG, 2001, p. 11.

[2] Loraine Boetner. *Catolicismo romano*, p. 111.

[3] Giovanni Miegge. *A virgem Maria*, p. 53-68.

[4] Douglas Connely. *Maria, um modelo bíblico de espiritualidade*, p. 40-1.

[5] Loraine Boetner. *Catolicismo romano*, p. 112.

[6] David S. Schaff. *Nossa crença e a de nossos pais*, p. 407.

[7] Loraine Boetner. *Catolicismo romano*, p. 130-1.

[8] David S. Schaff. *Nossa crença e a de nossos pais*, p. 407.

[9] David S. Schaff. *Nossa crença e a de nossos pais*, p. 407-8.

[10] David S. Schaff. *Nossa crença e a de nossos pais*, p. 408.

[11] Loraine Boetner. *Catolicismo romano*, p. 110.

[12] Loraine Boetner. *Catolicismo romano*, p. 121.

[13] Alphonse de Ligouri. *The glories of Mary.* Redemptorist Fathers, Brooklyn, 1931.

[14] David S. Schaff. *Nossa crença e a de nossos pais*, p. 412-3.

[15] Alphonse de Ligouri. *The glories of Mary*, p. 124.

[16] Robert Hastings Nichols. *História da Igreja cristã*, p. 109.

[17] Loraine Boetner. *Catolicismo romano*, p. 121.

[18] João 16.23; 14.13-15.

[19] Giovanni Liegge. *A virgem Maria*, p. 166-8.

[20] Onézimo Gabriel Negrão. *Roma Semper Eadem.* Gráfica e Editora Peres Oliveira. Santo André, SP, p. 138.

[21] Loraine Boetner. *Catolicismo romano*, p. 117.

[22] Veja Colossenses 4:10 onde a palavra primo é *anepsios.*

[23] Loraine Boetner. *Catolicismo romano*, p. 133-4.

[24] Loraine Boetner. *Catolicismo romano*, p. 133-4.

[25] Douglas Connelly. *Maria, um modelo bíblico de espiritualidade*, p. 111.

Capítulo Sete

[O QUE A BÍBLIA ENSINA SOBRE MARIA]

MARIA, UMA MULHER AGRACIADA POR DEUS (LC 1.28)

A primeira vez que Maria aparece na Bíblia, ela está diante de um anjo. Ele traz para ela uma mensagem do céu e a chama *muito favorecida* (Lc 1.28) e *achaste graça diante de Deus* (Lc 1.30). Maria não foi escolhida para ser mãe do Salvador apenas por suas virtudes. Essa escolha teve sua origem na graça de Deus e não em qualquer mérito dela.[1] Deus não chama as pessoas porque elas são especiais, mas elas se tornam especiais porque Deus as chama.[2] E Maria tinha consciência disso.

O povo de Jerusalém desdenhava os judeus da Galiléia e dizia que eles não eram puros em virtude

[O PAPADO E O DOGMA DE MARIA]

do seu contato com os gentios (Mt 4.15). Eles especialmente desprezavam os habitantes de Nazaré (Jo 1.45,46), mas Deus, em Sua graça, escolheu uma jovem pobre, da pequena cidade de Nazaré, na pobre região da Galiléia, para ser a mãe do Messias prometido.[3]

A ênfase da mensagem do anjo estava na criança, e não em Maria. O Filho seria grande, não ela (Lc 1.31-33). O nome da criança resumia o propósito do seu nascimento. Ele seria o Salvador do mundo (Lc 1.31; Mt 1.21).

A única dúvida que Maria teve foi como isso aconteceria: "Como será isto, pois não tenho relação com homem algum?" (Lc 1.34). Sua pergunta não indica dúvida ou descrença. O anjo revela a ela que a concepção seria um milagre. Disse-lhe o anjo: "Descerá sobre ti o Espírito Santo, e o poder do Altíssimo te envolverá com a sua sombra; por isso, também o ente santo que há de nascer será chamado Filho de Deus" (Lc 1.35). Para confirmar sua mensagem, o anjo conta para Maria outro milagre: Isabel, sua tia, idosa e estéril, já estava grávida do precursor do seu Filho (Lc 1.36). O anjo conclui com um princípio teológico, dizendo que para Deus não há impossíveis (Lc 1.37).

Dois nascimentos milagrosos: o primeiro, de uma mulher idosa e estéril; o segundo, de uma jovem virgem, sem contato com homem. No primeiro caso, Deus parecia estar atrasado, dando um filho a um casal já idoso, cuja mulher ainda era estéril, depois de muitos anos de oração por essa causa. No segundo caso, Deus parecia estar adiantado, visto que Maria deveria dar à luz a Jesus, mesmo sendo ainda uma jovem solteira, antes dela estar casada com José. Deus entrou na história de Zacarias e Isabel para mostrar que não estava atrasado, visto que para Deus não há impossíveis em todas as Suas promessas (Lc 1.37). Por um milagre de Deus, nasceu João Batista, o precursor do Messias. Deus entrou na história de Maria e José e mudou a agenda deles para trazer ao mundo o Messias prometido, revelando que o tempo de Deus não é o nosso, e que os caminhos de Deus são mais altos do que os nossos.

Deus Filho tornou-se humano por meio de uma concepção milagrosa, operada pelo Espírito Santo, no ventre de Maria. O Deus infinito, o Criador do universo, tornou-se um pequeno embrião humano no ventre de Maria (Lc 1.35).

MARIA, UMA MULHER DISPONÍVEL PARA DEUS (LC 1.38)

"Aqui está a serva do Senhor", disse Maria ao anjo Gabriel (Lc 1.38). O anjo a chamou "favorecida". Ela preferiu um termo bem mais humilde, serva. Não serva de Gabriel, de José ou de homem algum, mas do próprio Senhor.[4] Essa atitude de Maria resume toda a sua filosofia de vida. Maria se coloca nas mãos de Deus para a realização dos propósitos de Deus. Ela é serva. Ela está pronta. Ela se entrega por completo, sem reservas ao Senhor.

Ela está pronta a obedecer e oferecer sua vida, seu ventre, sua alma, seus sonhos ao Senhor. Ela é de Deus. Ela está disponível para Deus.

Ela está pronta a sofrer riscos, a mudar a sua agenda, a realinhar os seus sonhos e desistir dos seus anseios em favor dos propósitos de Deus.

Ela está pronta a ser não uma sócia de Deus, não uma igual com Deus, mas uma serva. Isso era tudo. Diz ela: "que se cumpra em mim conforme a tua palavra" (Lc 1.38). É rendição total, sem condições, sem perguntas, sem pedidos de provas.[5] Ela estava pronta para uma mudança radical de vida. De todos os úteros da terra, o seu útero foi escolhido para ser o ninho que ternamente acalentaria o Filho de Deus feito homem. A serva se apresenta, bate continência ao Senhor dos Exércitos e se coloca às Suas ordens.

O estudioso Douglas Connelly diz que a aceitação da vontade de Deus começou para Maria com um cântico em seu coração, porém terminou com uma espada em sua alma. A alegria de segurar nos seus braços uma linda criança acabou por levá-la aos pés de uma cruz.[6]

MARIA, UMA MULHER DISPOSTA A PAGAR UM ALTO PREÇO E CORRER TODOS OS RISCOS PARA FAZER A VONTADE DE DEUS (Lc 1.38)

Algumas verdades cruciais merecem destaque:

[O QUE A BÍBLIA ENSINA SOBRE MARIA]

- Em primeiro lugar, *o anjo falou só com ela e não com outras pessoas.* A notícia não foi escrita no céu de Nazaré para todo o povo ler. Imagine explicar isso para a sua família. Maria passou um tempo da sua vida sob uma nuvem de suspeita por parte da família e dos vizinhos. Ao aparecer grávida na cidade de Nazaré, estava exposta às mais severas censuras do povo.[7]

- Em segundo lugar, *Maria não tinha nenhuma garantia de que seu noivo José entenderia ou acreditaria em sua gravidez milagrosa.* Ela teve de enfrentar o homem que amava e lhe dizer que estava grávida e José sabia que ele não era o pai. Maria estava disposta a sofrer o desprezo e a solidão. Na verdade, José não acreditou em Maria quando soube da sua gravidez. Ele sofreu e resolveu abandoná-la. O divórcio foi a única saída que conseguiu encontrar para a sua dor e decepção. José era um homem justo (Mt 1.19). O anjo, então, apareceu para ele e lhe revelou a verdade e ele creu na mensagem do anjo e nas palavras de Maria. José aprendeu que Deus é digno de confiança. A Bíblia não registra nenhuma palavra direta de José. A maioria das pessoas envolvidas na história do nascimento de Jesus falou, cantou, ou gritou louvores, mas José não fez nada disso. Ele simplesmente obedeceu.

- Em terceiro lugar, *Maria correu o risco não só de ser abandonada pelo noivo, mas até mesmo*

[O PAPADO E O DOGMA DE MARIA]

de ser apedrejada em público. Esse era o castigo para uma mulher adúltera. Ela já estava comprometida com José, e ele poderia requerer o seu apedrejamento. A lei mosaica dizia assim: "Se houver moça virgem, desposada, e um homem a achar na cidade e se deitar com ela, então, trareis ambos à porta daquela cidade e os apedrejareis até que morram..." (Dt 22.23,24). Maria, certamente, dispôs-se a pagar um alto preço para se submeter ao chamado de Deus. Ela estava disposta a correr riscos por sua obediência ao projeto de Deus. Maria era uma jovem pobre, agora grávida, com o risco de ser abandonada pelo noivo e apedrejada pelo povo. Mas ela não abre mão de ir até o fim, de lutar até à morte, de sofrer todas as estigmatizações possíveis para cumprir o propósito de Deus.[8] Mauro Clark comenta sobre essa possível tensão vivida por Maria:

A noiva do carpinteiro José engravidou e ele garante que não é o pai da criança – diriam as más línguas, com prazer mórbido, alimentando o escândalo na cidade e em toda a redondeza. Que vexame! Conseguiria ela conviver com uma reputação duvidosa [...]? E José, como enfrentá-lo? Qual seria a reação dele? Acreditaria em história tão fantástica? Aceitaria o menino ou o rejeitaria amargamente? Estaria o carpinteiro disposto a ter como esposa uma mulher acusada de infidelidade?[9]

[O que a Bíblia ensina sobre Maria]

- Ainda hoje, a obediência a Deus sempre tem um preço. A moça que decide viver uma vida pura perante o Senhor talvez deixe de ser popular na universidade. A obediência à Palavra pode lhe custar o namorado, o melhor amigo, uma promoção ou até mesmo o seu emprego.[10]

Maria, uma mulher bem-aventurada entre as mulheres e não acima das mulheres (Lc 1.39-44)

Isabel, cheia do Espírito Santo, declara três verdades sublimes sobre Maria:

- Em primeiro lugar, *Maria é bem-aventurada entre as mulheres* (Lc 1.42). Isabel não coloca Maria acima das outras mulheres. Ela é bem-aventurada *entre* as mulheres e não bem-aventurada *acima* das outras mulheres. A expressão bem-aventurada significa feliz. Maria é feliz porque ela encontrou graça diante de Deus, a graça de ser a mãe do Salvador. Mãe bendita, Filho bendito.
- Em segundo lugar, *Maria é mãe do Senhor* (Lc 1.43). Novamente o destaque da fala de Isabel é a respeito do Filho de Maria e não a respeito de Maria. João Batista se estremece no ventre de Isabel não por causa de Maria, mas por causa de Jesus, que está no ventre de Maria. O grande personagem daquele encontro entre Isabel e Maria era o Filho de Maria em seu ventre. Aquele bebê

[O PAPADO E O DOGMA DE MARIA]

que estava sendo gerado era o Senhor de Isabel, a alegria de João Batista, o ente santo, o Filho do Altíssimo, o Rei cujo reinado não tem fim. Mauro Clark, esclarecendo esse sublime ponto, diz:

> Evidentemente, Maria passou a ser mãe de Jesus somente a partir do momento em que Ele foi gerado nela. Nenhuma mulher é mãe de um filho antes de estar grávida. Não existe maternidade por antecipação. Isso significa dizer que a existência do Verbo antes da encarnação nada tem a ver com Maria. Não seria próprio chamá-la "mãe" do Verbo eterno, da Segunda Pessoa da Trindade. O Verbo, existente desde a eternidade passada, não é filho de Maria, mas Filho de Deus. É por isso que Gabriel disse a Maria que o menino seria chamado Filho do Altíssimo, e também de Filho de Deus.[11]

• Em terceiro lugar, *Maria é feliz porque creu* (Lc 1.45). Maria não é chamada de feliz porque foi pedida em casamento por um milionário da região nem por ser considerada a moça mais bonita de Nazaré, nem por ser a garota mais simpática da região.[12] Isabel diz que ela é feliz porque creu em Deus. Maria mesmo reconheceu que por ser mãe do Salvador, ela seria considerada uma mulher feliz por todas as gerações (Lc 1.48). Maria é campeã entre as mulheres abençoadas. Esse título é dela, ninguém jamais poderá tirar. Foi Deus quem o deu.[13]

[O QUE A BÍBLIA ENSINA SOBRE MARIA]

MARIA, UMA MULHER QUE RECONHECE QUE DEUS ESTÁ NO
CONTROLE DA HISTÓRIA E ENGRANDECE A DEUS PELOS SEUS
ATRIBUTOS E PELAS SUAS OBRAS (LC 1.46-56)

Três fatos são dignos de nota:

• Em primeiro lugar, *Maria nos fala da soberania
que Deus tem de agir e intervir no curso da História*
(Lc 1.46-49). Fala-se muito de Maria, mas poucas
vezes permite-se que ela mesma fale. A jovem de
Nazaré não era uma moça alienada, ao contrário,
em forma de canto, demonstra uma clara visão
de Deus e da História. O cântico põe asas nos
pés e um sonho no peito. O canto mobiliza o
corpo, imobiliza o medo e transforma os gestos
solitários em caminhadas solidárias.[14] O cântico
de Maria é chamado de *Magnificat* por causa da
versão latina de Lucas 1.46: *Magnificat anima
mea Dominum.* O grande desejo de Maria era
glorificar ao Senhor e não ela mesma.[15] O cântico
de Maria proclama os grandes feitos de Deus na
sua vida e na vida do seu povo.
Maria declara o que Deus fez por ela. A maior de
todas as bênçãos que Maria recebeu de Deus foi a
sua própria salvação (Lc 1.47). Depois, Maria diz
que Deus a escolheu para ser a mãe do Salvador
(Lc 1.48,49). Finalmente, Maria afirma que sendo
ela uma jovem humilde e desconhecida, seria
agora considerada bem-aventurada por todas as
gerações (Lc 1.48).

[O PAPADO E O DOGMA DE MARIA]

Maria declara o que Deus fez pelo seu povo ao longo dos séculos. Ela menciona três classes de pessoas especialmente visitadas por Deus: os humildes (Lc 1.52), os pobres (Lc 1.53) e o povo da aliança (Lc 1.54,55).

Para Maria, Deus é poderoso (Lc 1.49), santo (Lc 1.49), misericordioso (Lc 1.50), justo e fiel (Lc 1.51-55). O fato desse Deus poderoso escolhê-la, uma jovem pobre, desposada com um simples carpinteiro desconhecido da pequena e mal falada Nazaré é prova de que Deus é livre e soberano para agir. Isso prova que Deus age, às vezes, por meios estranhos e não convencionais. O Filho de Deus não nasce num palácio, em berço de ouro. Deus não envia seu anjo aos nobres de Jerusalém, à classe sacerdotal, mas a uma jovem pobre em Nazaré. A palavra que Maria usa para poderoso é *déspota*, aquele que não se relaciona de forma dependente com nada e com ninguém. Deus não precisa fazer acordo com ninguém. Ele é livre e soberano para agir como quer, onde quer, com quem quer.

- Em segundo lugar, *Maria nos fala do projeto de Deus de invadir a História e virar a mesa, invertendo completamente os valores do mundo* (Lc 1.51-53). Deus entra na História não pelos palácios, através dos governantes, dos nobres e poderosos. Ele não pede que o poder judiciário lhe dê cobertura. Ele simplesmente entra na História e faz as mais profundas inversões que

[O que a Bíblia ensina sobre Maria]

se pode imaginar, deixando todo mundo com gosto de surpresa e espanto na boca.[16] Ele traz uma verdadeira revolução política, econômica, social e espiritual.

- Em terceiro lugar, *Maria demonstra uma profunda necessidade de Deus* (Lc 1.46,47). Ela reconhece a necessidade de salvação e chama Deus de "Senhor" e de "meu salvador" (Lc 1.46,47). Ela reconhece que o sentido da vida é exaltar e glorificar a Deus e se alegrar Nele (Lc 1.46). Ela reconhece que todas as gerações a considerarão bem-aventurada porque o Poderoso fez grandes coisas em sua vida (Lc 1.48,49). Antes, ela era apenas uma jovem desconhecida, agora, seu nome seria uma referência para o mundo inteiro, não por seus méritos, mas por causa dos grandes feitos de Deus.

Maria, uma mulher que está sempre pronta a andar com Deus quando as coisas parecem complicadas

Maria revela sua profunda disposição de andar com Deus, mesmo em face das circunstâncias adversas. Ela poderia se envaidecer ao ser comunicada acerca do alto privilégio de ser a mãe do Salvador do mundo. Veja algumas situações intrigantes:

- Primeiro, Maria poderia ter raciocinado: *Viajar 130 quilômetros a pé ou de jumento nos últimos*

[O PAPADO E O DOGMA DE MARIA]

dias de gravidez, sendo que o menino que tenho no ventre é o Filho de Deus, nem pensar! Ela poderia procurar as autoridades religiosas e buscar mil maneiras de fugir daquela perigosa e difícil viagem. Mas, ela é serva de Deus e submissa ao seu marido. Ela tem têmpera de aço e enfrenta a viagem.

- Segundo, Maria poderia ter dito: "Dar à luz ao meu filho, que herdará o trono de Davi, e reinará para sempre numa manjedoura, de jeito nenhum!". Ela não duvida de Deus, não lamenta, não murmura, nem se exalta. Não reivindica seus direitos, nem exige tratamento especial. Ela dá à luz ao seu filho sem um lugar propício, sem um médico ou parteira. Está só com o marido, sem luzes, sem holofotes, sem cuidados, sem proteção.

- Terceiro, Maria poderia ter dito para José: "Ir com o meu filho para o Egito, atravessar o deserto do Sinai, ah, essa não!". Agora é a crise de se sentir sem chão, sem bandeira, sem lugar certo para morar. Maria está enfrentando a crise de sentir-se desterrada, perseguida, ameaçada. Vão para um lugar onde serão ninguém, onde todos os vínculos importantes estarão ausentes. Ela é humilde o bastante para fugir. Corajosa o suficiente para enfrentar os perigos do deserto. Ela caminha sintonizada pelas mãos da Providência. Ser mãe do Messias em vez de trazer-lhe *status*, glória e honra traz-lhe solidão, perseguição, desterro. José e Maria não são donos da agenda. O anjo disse: "... permanece lá até que eu te avise..." (Mt 2.13).

- Quarto, Maria poderia ter falado: "Educar o meu Filho em Nazaré, ah isso é incompreensível!" Nazaré era considerada como subúrbio do fim do mundo. Era um dos maiores antros de ladrões e prostitutas da época. O comentário geral era que de Nazaré não saía nada de bom (Jo 1.46). Era uma região sem vez, sem voz, sem representatividade. Era um lugar de péssima reputação. Mas é lá nesse caldeirão de terríveis iniqüidades, nessa região da sombra da morte, que o Filho de Deus vai crescer para ser o Salvador do Mundo. É como se Deus estivesse armando a sua barraca nas malocas mais perigosas da vida. O Filho de Deus, o Rei dos reis, deveria ser chamado não de cidadão da gloriosa Jerusalém, mas de Nazareno, termo pejorativo, sem prestígio.

MARIA, A MÃE QUE TEM O PRIVILÉGIO DE TER NOS BRAÇOS O FILHO DE DEUS, O SEU PRÓPRIO SALVADOR E SENHOR

Esta é uma das mais sublimes verdades registradas nas Escrituras. Maria se torna mãe do seu próprio Salvador e Senhor. Esse fato auspicioso pode ser visto com diáfana clareza.

- Em primeiro lugar, *o anjo disse para ela que o seu filho seria o Filho do Altíssimo* (Lc 1.32). Jesus, como Filho de Deus, foi preexistente à sua mãe. Ele é o Pai da eternidade. Ele é um com Pai. Ele é o Criador do universo. Maria é a mãe da natureza humana do Verbo eterno e divino. Quando o catolicismo romano proclama Maria "Mãe de Deus", deixa de perceber a incongruência lógica e teológica dessa afirmação. Há uma impossibilidade lógica, porque o filho nunca pode vir antes da mãe. A mãe necessariamente precisa ser preexistente ao filho. Desta maneira, o dogma romano do *theotokos*, "mãe de Deus" conspira contra a humanidade de Maria e a divindade de Cristo. De igual forma, há uma impossibilidade teológica. A simples afirmação de que Maria é mãe de Deus despoja-O de Seus atributos exclusivos de eternidade e divindade. Se Deus teve mãe, Ele teve início, e se teve início, não é eterno, e se não é eterno, não pode ser divino.

- Em segundo lugar, *Isabel disse para Maria que o seu filho era o seu Senhor* (Lc 1.43). Jesus, mesmo na vida intra-uterina já era proclamado Senhor de Isabel, mãe de João Batista. O Senhorio de Cristo é universal. Diante Dele não apenas os magos dobraram seus joelhos, mas todo joelho, em todo lugar, em todos os tempos, precisa se dobrar. Ele é o Senhor absoluto dos céus e da terra. Ele está com o livro da História em Suas mãos. Ele reina. Ele é o Criador e o sustentador do universo. Ele governa as nações. Ele levanta reis e abate reis.

[O que a Bíblia ensina sobre Maria]

Ele está assentado na sala de comando do universo e faz todas as coisas conforme o conselho da Sua vontade. Ele vai voltar com grande poder e muita glória, acompanhado dos Seus valorosos anjos. Ele vai assentar-se no trono e julgar as nações. Ele vai colocar todos os inimigos debaixo dos Seus pés. Ele vai entregar o Reino ao Deus e Pai a fim de que Ele seja tudo em todos. Cristo vai reinar com sua Igreja, para todo o sempre.

- Em terceiro lugar, *os anjos proclamaram em Belém que o Filho de Maria era o Salvador, o Messias e o Senhor* (Lc 2.11). Essa notícia foi dada não no templo, mas nas campinas. Não aos sacerdotes, mas aos pastores. O menino que nasceu em Belém é o Salvador do mundo. Ele veio buscar e salvar o perdido. Ele veio para nos reconciliar com Deus. Ele é o caminho de volta para Deus. Não há salvação fora dele. Ele é a própria vida eterna. Ele, também, é o Messias prometido, o Ungido de Deus, o Desejado das nações, a Esperança de Israel, a Luz do mundo, o Sol da justiça, Aquele que veio trazer salvação em Suas asas. Mas os anjos afirmaram, também, que Jesus é o Senhor. Seu trono está firmado para sempre, e Seu Reino é eterno. Todos os reinos dos povos cairão, mas seu reinado será estabelecido eternamente.

- Em quarto lugar, *Simeão disse para Maria que Seu filho era a Salvação de Deus para os povos* (Lc 2.29-32). Maria e José estavam admirados

[O PAPADO E O DOGMA DE MARIA]

do que Dele se dizia. Jesus era mais do que uma criança especial, Ele é o infinito esvaziando-se e entrando no finito; Ele é o eterno entrando no tempo, o divino fazendo-se humano, o Senhor do Universo, tornando-se servo. A encarnação de Cristo é um glorioso mistério. Ele, sendo rico, se fez pobre, sendo Deus se fez homem, sendo Senhor absoluto do universo, se fez servo. Ele, sendo exaltado pelos anjos, veio ao mundo para ser humilhado pelos homens. Sendo adorado pelas hostes celestiais, sujeitou-Se a ser cuspido pelos homens e pregado numa rude cruz. Ele, sendo bendito eternamente, veio ao mundo para se fazer maldição por nós. Sendo puro e santo, fez-se pecado por nós para nos fazer justiça de Deus.

MARIA, A MÃE QUE PRECISA RECONHECER QUE SEU FILHO TEM UMA AGENDA ESTABELECIDA NO CÉU E NÃO NA TERRA

Maria era uma mulher piedosa, bem-aventurada, digna de ser amada, imitada e admirada, mas era apenas uma mulher. Como tal, tinha suas limitações.

- Em primeiro lugar, *Maria perde Jesus na Casa do Pai* (Lc 2.43-52). Maria não se tornou uma supermulher por ser mãe de Jesus. Ela continuava sendo uma mulher limitada. Ela perdeu o seu filho e ficou aflita. Voltou do meio

[O QUE A BÍBLIA ENSINA SOBRE MARIA]

da viagem a Jerusalém procurando o filho perdido. Encontrou-o no templo. Mas o filho de 12 anos revelou a ela outra agenda. Não era Jesus que devia seguir a agenda de José e Maria, mas eles é que deviam seguir a Sua agenda. Jesus perguntou-lhes: "Por que me procuráveis? Não sabíeis que me cumpria estar na casa de meu Pai? Não compreenderam, porém, as palavras que lhe disseram" (Lc 2.49,50). Essas são as primeiras palavras de Jesus registradas na Bíblia e as últimas até Ele começar o Seu ministério, 18 anos mais tarde. Aos 12 anos de idade, Jesus já estava completamente consciente de que era o Filho de Deus. Maria não conseguia alcançar quem era o seu Filho e o que estava fazendo. Nas quatro ocasiões futuras em que Maria esteve envolvida (diretamente ou por referência ao seu nome), essa tensão esteve presente.[17]

- Em segundo lugar, *Maria informa a Jesus sobre a falta de vinho na festa e Ele diz a ela que não era chegada a Sua hora* (Jo 2.1-11). Jesus mostra que Ele só agirá dentro do cronograma do céu. Aos 12 anos, Jesus disse a Maria: "Por que me procuráveis?". Agora, aos 33 anos de idade, Ele pergunta: "Mulher, que tenho eu contigo?" (Jo 2.4). Jesus estava revelando à Sua mãe que sua agenda era conduzida pelo céu e não pelos laços familiares. Em ambos os casos, Jesus demonstra que o Seu compromisso é com o Pai: "Não sabíeis que convinha estar na casa de meu Pai?" e "ainda

[O PAPADO E O DOGMA DE MARIA]

não é chegada a minha hora". Por isso, Maria compreende e endossa a agenda de Jesus, de tal forma que a última palavra direta de Maria nas Escrituras é esta: "Fazei tudo o que ele vos disser" (Jo 2.5). Seguir a orientação de Maria é de fato obedecer a Jesus. A fé simplesmente crê, confia e descansa. Exatamente como fez Maria.[18]

- Em terceiro lugar, *Maria vai com seus outros filhos para prender a Jesus, mas Ele prioriza a agenda do Reino em vez de ceder às pressões da família* (Mc 3.20,21,31-35). Maria e seus outros filhos, preocupados com a intensa atividade de Jesus, vão com a finalidade de prendê-lo e levá-lo para casa. Ao ser informado da presença de Sua família do lado de fora da casa, onde estava com seus discípulos, Jesus enfatiza que os laços mais fortes não sãos os de sangue, mas os laços espirituais. A família de Jesus precisava entender que Jesus antes de ser filho de Maria, era o Filho de Deus. Antes de ser carpinteiro, era o Salvador dos homens. Antes de ser um cidadão de Nazaré, era o Rei dos reis.[19] Jesus mostra que a relação espiritual é mais importante que a relação de sangue, ao afirmar: "Quem é minha mãe e meus irmãos? E, correndo o olhar pelos que estavam assentados em redor, disse: Eis minha mãe e meus irmãos. Portanto, qualquer que fizer a vontade de Deus, esse é meu irmão, irmã e mãe" (Mc 3.33-35).

[O QUE A BÍBLIA ENSINA SOBRE MARIA]

- Em quarto lugar, *Maria e a verdadeira bem-aventurança* (Lc 11.27-28). Para Jesus, a grande bem-aventurança de ouvir a Palavra de Deus e guardá-la é maior do que a bem-aventurança de ter sido sua genitora. Jesus não sustentou a supervalorização que a mulher destacou da relação de sangue que Maria tinha com Ele. Havia outro tipo de relação que qualquer pessoa poderia manter com Ele, muitíssimo mais importante que a física. Pois era essa relação que Jesus queria exaltar, a relação espiritual: "... uma mulher que estava entre a multidão, exclamou e lhe disse: Bem-aventurada aquela que te concebeu, e os seios que te amamentaram! Ele, porém, respondeu: Antes, bem-aventurados são os que ouvem a Palavra de Deus e a guardam!" (Lc 11.27,28). Assim, vemos que esses três contatos de Jesus com Maria relatados pelos evangelhos giram em torno do mesmo assunto: contraste entre o físico e o espiritual; parentesco de sangue contra afinidade espiritual.

- Em quinto lugar, *Maria, uma mulher com a alma traspassada pela espada* (Lc 2.35). O dia era o mais triste da história da humanidade; o dia era o mais glorioso da história da humanidade. Dia de contrastes: Jesus morria, Jesus vencia. Humilhado, mas glorificado. Cercado de ódio por todos os lados, transbordando de amor por todos os poros.[20] Ao pé da cruz, está Maria sofrendo indescritivelmente ao ver seu filho morrendo

[O PAPADO E O DOGMA DE MARIA]

exangue. Ali, uma espada traspassou a sua alma. A espada era invisível, mas não o seu efeito.[21] Na cruz, Jesus confia Sua mãe ao Seu discípulo João: "Vendo Jesus sua mãe e junto a ela o discípulo amado, disse: Mulher, eis aí teu filho. Depois, disse ao discípulo: Eis aí tua mãe. Dessa hora em diante, o discípulo a tomou para casa" (Jo 19.26,27). Ali na cruz, Jesus revelou Seu amor cheio de cuidado por Sua mãe. Ali, Jesus ensina que os filhos precisam cuidar dos pais. Jesus o fez porque José já havia morrido e Seus irmãos não acreditavam Nele, e além do mais, João era sobrinho de Maria.

- Em sexto lugar, *em momento nenhum a Bíblia registra que Jesus tenha chamado Maria de mãe*. Ele sempre a chamou de *mulher*, que em hebraico é um termo respeitoso, e significa senhora. A Bíblia nunca enfatizou a questão do *theotokós* (mãe de Deus). E por quê? Primeiro, para ensinar que Seus parentes não tinham posição privilegiada em relação a Ele pelo fato de serem parentes. A relação que devia ser enfatizada é a espiritual. Mais tarde, Seus dois irmãos, Tiago e Judas, escreveram cartas e se apresentaram não como irmãos de Jesus, mas como servos do Senhor. Segundo, para afastar o perigo de as pessoas confundirem a posição de Maria como mãe de Deus. Ele se tornou homem ao nascer do ventre de Maria, mas como Deus, foi preexistente à criação e foi o Criador de todas as coisas.

[O QUE A BÍBLIA ENSINA SOBRE MARIA]

MARIA, A DISCÍPULA DE JESUS (ATOS 1.14)

A última vez que Maria aparece na Bíblia é com os demais crentes, depois da ressurreição, no Cenáculo, aguardando, em oração, a promessa do derramamento do Espírito Santo. Maria tomou o seu lugar com os outros cristãos. É importante destacar que ela não estava nem separada, nem acima deles. Ela estava ali também como discípula. Lá ela também aguardava o derramamento do Espírito. Seus outros filhos nesse tempo já estavam convertidos. Eles também se uniram aos demais crentes em oração. Assim diz as Escrituras: "Todos estes perseveravam unânimes em oração, com as mulheres, com Maria, mãe de Jesus, e com os irmãos dele" (At 1.14). Maria tomou o seu lugar com os outros cristãos, nem separada, nem acima deles. Ela estava na companhia daqueles que eram seguidores do seu Filho.[22]

No Pentecoste, todos foram cheios do Espírito Santo. A Bíblia não diz que Maria recebeu uma porção especial do Espírito. Ela não foi mais cheia que os demais nem ocupou um lugar de destaque sobre os demais. Na verdade, seu lugar doravante foi discreto. Seus filhos, Tiago e Judas, são mencionados e escrevem livros da Bíblia, mas Maria não é citada mais, nem pelos apóstolos, nem pelos seus próprios filhos. O propósito dela não era estar no centro do palco, mas trazer ao mundo Aquele que é a Luz do mundo, o único digno de ser adorado e obedecido.

[O PAPADO E O DOGMA DE MARIA]

NOTAS

[1] Douglas Connelly. *Maria, um modelo bíblico de espiritualidade*, p. 20.

[2] Mauro Clark. *Redescobrindo Maria*. Editora Mundo Cristão. São Paulo, SP, 2004, p. 18.

[3] Warren Wiersbe. *The Bible Exposition Commentary*. Vol. 1. Chariot Victor Publishing. Colorado Springs, Colorado, 1989, p. 171-2.

[4] Mauro Clark. *Redescobrindo Maria*, p. 26.

[5] Mauro Clark. *Redescobrindo Maria*, p. 27.

[6] Douglas Connelly. *Maria, um modelo bíblico de espiritualidade*, p. 23.

[7] Douglas Connely. *Maria, um modelo bíblico de espiritualidade*, p. 23.

[8] Edmar Jacinto. *Porque nós amamos Maria*. Nova Perspectiva. Paracatu, MG, 1996, p. 50-1.

[9] Mauro Clark. *Redescobrindo Maria*, p. 22-3.

[10] Douglas Connely. *Maria, um modelo bíblico de espiritualidade*, p. 24.

[11] Mauro Clark. *Redescobrindo Maria*, p. 34.

[12] Mauro Clark. *Redescobrindo Maria*, p. 36.

[13] Mauro Clark. *Redescobrindo Maria*, p. 32.

[14] Edmar Jacinto. *Porque nós amamos Maria*. Editora Nova Perspectiva. Paracatu, MG, 1996,118.

[15] Warren Wiersbe. *The Bible Expository Commentary*. Vol. 1. Chariot Victor Publishing. Colorado Springs, Colorado, 1989, p. 173.

[16] Edmar Jacinto. *Porque nós amamos Maria*, p. 131.

[17] Mauro Clark. *Redescobrindo Maria*, p. 86.

[O QUE A BÍBLIA ENSINA SOBRE MARIA]

[18] Mauro Clark. *Redescobrindo Maria*, p. 100-2.

[19] Mauro Clark. *Redescobrindo Maria*, p. 108.

[20] Mauro Clark. *Redescobrindo Maria*, p. 127.

[21] Mauro Clark. *Redescobrindo Maria*, p. 129.

[22] Douglas Connelly. *Maria, um modelo bíblico de espiritualidade*, p. 108.

Capítulo Oito

CONCLUSÃO

Maria é uma mulher digna de ser imitada não só pelas mães, mas por todos os cristãos de todos os tempos: por sua humildade, coragem, abnegação, fervor e fidelidade a Deus. Ela foi uma mulher que esteve pronta a correr todos os riscos para realizar a vontade de Deus.

Maria abriu mão da sua agenda, dos seus sonhos, dos seus projetos para abraçar o propósito de Deus. Sua devotada abnegação e acendrado amor por Deus são luzeiros que resplandecem ainda hoje. Ela inicia sua carreira como humilde serva de Deus e termina a carreira como discípula de Jesus Cristo. Ao longo da sua vida, por sua limitada humanidade, não entendeu todos

[O PAPADO E O DOGMA DE MARIA]

os aspectos do ministério do seu Filho. Mas, sempre soube o seu papel e o desempenhou com grandeza d'alma e discrição, jamais buscando ocupar um lugar central na vida e ministério de Jesus. Os evangelhos, sem desmerecer em nada Maria, traduziram essa nobre atitude da mãe do Salvador. Não foi ela, em momento algum o centro das atenções. Ao contrário, as luzes da primazia sempre focam em Jesus, o eterno Filho de Deus, o Salvador do mundo.

Que Deus nos ajude a imitar a essa bem-aventurada mulher, e lutar para que as pessoas a honrem, não a colocando num pedestal que jamais Deus a colocou, nem ela jamais aceitaria, mas imitando seu exemplo como humilde serva de Deus.